Comprendre et mettre en œuvre
le contrôle interne

Groupe Eyrolles
61, bd Saint-Germain
75240 Paris Cedex 05

www.editions-eyrolles.com

Du même auteur :

Théorie et pratique de l'audit interne, Eyrolles, 7ᵉ éd., 2010

Audit interne et contrôle de gestion, pour une meilleure collaboration, avec Sophie NUSSBAUMER, Eyrolles, 2011

Audit interne : ce qui fait débat, Maxima, 2002

© Groupe Eyrolles, 2012
ISBN : 978-2-212-55436-6

Jacques Renard

Comprendre
et mettre en œuvre
le contrôle interne

Préface de Patrick Kron
Avant-propos de Louis Vaurs

EYROLLES

Sommaire

Partie 4
Mise en œuvre et pilotage du contrôle interne

Préface

Le concept de contrôle interne est trop souvent source de confusions ou de contresens. C'est la raison pour laquelle l'ouvrage de Jacques Renard est bienvenu. En effet, il explicite clairement le vocable, donne des pistes pour le mettre en œuvre et rappelle les principaux écueils à éviter.

De lecture facile, illustré par de nombreux exemples pratiques, cet ouvrage dresse un panorama complet des référentiels existants et du cadre législatif.

L'auteur explicite les spécificités du contrôle interne. Mais il ne se limite pas à en rappeler la théorie. Il donne des pistes pour identifier les dispositifs à mettre en place. Il suggère une méthodologie de déploiement et de pilotage d'un système de contrôle interne efficace en entreprise.

Principes et méthodes que nous nous employons à respecter chez Alstom, de manière permanente, dans un souci de progrès constant et surtout en appui de nos opérations. Et nous ne cessons d'aller dans cette direction, en témoigne le Grand Prix du jury du Trophée du contrôle interne IFACI/ Bearing Point décerné à Alstom en 2010.

Patrick Kron,
Président-directeur général d'Alstom.

Avant-propos

On a beaucoup écrit sur le contrôle interne et peu à peu, au fil des années, le concept s'est affiné, même si ça et là subsistent encore quelques zones d'ombre et quelques contradictions. Sur l'essentiel, tout le monde s'accorde, et c'est sans doute le mérite essentiel de cet ouvrage de présenter un panorama complet des principales contributions en dégageant les principes essentiels et leurs incidences pratiques. Ce n'est donc pas un ouvrage de plus, c'est le point d'arrivée des travaux et réflexions antérieurs.

Or, pouvoir s'arrêter et faire le point est indispensable dans un domaine aussi fondamental que le contrôle interne. Même si le vocable prête encore à confusion – et Jacques Renard le souligne fort bien – le contrôle interne est le lieu géographique vers lequel convergent les préoccupations des acteurs de la gestion des organisations privées et publiques, l'universalité du concept étant l'une de ses caractéristiques essentielles. Responsables opérationnels de tous niveaux, *risk managers*, auditeurs interne, contrôleurs de gestion… tous se préoccupent du contrôle interne dont la qualité et l'efficience sont indispensables à la réalisation des objectifs. C'est également une façon de dire à quel point le sujet est d'importance pour les directions générales et responsables de haut niveau : la qualité du contrôle interne de leur organisation conditionne le bon fonctionnement des entreprises depuis la sécurité des opérations élémentaires jusqu'à la réalisation des objectifs stratégiques. Dans ce domaine, le conseil d'administration et son comité d'audit ont un rôle majeur à jouer.

Car le contrôle interne appartient à tous et est l'affaire de tous. Il existe en dehors de toute conceptualisation mais ne peut valablement être source de progrès que s'il est réfléchi et organisé. On trouvera dans cet ouvrage l'essentiel des pistes dégagées au fil des années pour une bonne approche du concept et sa mise en œuvre rationnelle.

Même si la profession comptable est à l'origine du vocable, pour l'essentiel, le mérite du succès dans l'application pratique revient aux organisations professionnelles de l'audit interne. C'est historiquement et en premier lieu l'IIA qui a été le principal contributeur dans la définition, l'organisation et la mise en œuvre d'une conception rationnelle et pratique du contrôle interne. C'est à la fin des années 1980 que fut élaboré le COSO 1 qui définit le contrôle interne et en identifie les composantes essentielles. C'est véritablement l'acte fondateur à partir duquel la doctrine s'est élaborée et que la pratique s'est construite. L'ouvrage retrace fort bien les étapes ultérieures : CoCo, Turnbull Guidance, COSO 2 et management des risques, référentiel de l'AMF, réglementations et législations diverses.

Mais dans cette évolution remarquable, et qui touche maintenant le secteur public, je me dois de signaler le rôle majeur de l'IFACI qui fut en France un moteur essentiel dans la diffusion du concept, sa compréhension et son utilisation. Réunions mensuelles, colloques, séminaires de formation… on ne compte plus les actions entreprises pour une meilleure compréhension et une bonne application du contrôle interne. À cela s'ajoutent les travaux accomplis par la direction de la recherche de l'IFACI qui, sous la direction de Béatrice Ki-Zerbo, a publié plusieurs *Cahiers de la recherche* sur divers aspects du contrôle interne et qui sont autant d'outils pratiques pour les professionnels. Il s'agit là d'une contribution essentielle à la bonne gouvernance des organisations. Elle est reprise dans un grand nombre d'universités et d'écoles supérieures de commerce qui dispensent un enseignement de troisième cycle sur le contrôle interne, conjointement avec l'audit interne.

Dans cette évolution, l'ouvrage de Jacques Renard est un jalon essentiel mais ce n'est pas le point final. Dès l'instant que le concept est bien compris et assimilé par tous, on peut envisager que les différents acteurs de la gestion et les responsables des organisations continuent à approfondir le concept, gomment les différences et les contradictions, facilitent la compréhension et la mise en œuvre. C'est pour aider à aller dans ce sens que l'IFACI a créé « Les Trophées du contrôle interne », manifestation qui a obtenu le plus vif succès et dont les premiers lauréats sont Alstom et L'Oréal. Ce qui symbolise à l'évidence la vitalité du contrôle interne et sa permanence.

C'est dire à quel point l'ouvrage de Jacques Renard est d'actualité et vient
à point nommé souligner où nous en sommes pour être en mesure de progresser encore.

Louis Vaurs
Conseiller du président de l'IFACI
Consultant en contrôle et audit internes
Ancien président et délégué général de l'IFACI

« Les meilleurs livres sont ceux qui racontent ce qu'on sait déjà »,
GEORGES ORWELL

Introduction

« Le contrôle interne ? Il vient de loin, du fond de notre histoire... Le premier homme préhistorique qui allumait un feu à l'entrée de sa caverne agissait pour se prémunir contre un risque : celui de l'attaque des bêtes sauvages. Et, ce faisant, il mettait en place un dispositif de contrôle interne...[1] » Ainsi, à notre insu, le contrôle interne existe de toute éternité et il existe en dehors de nous, sans qu'il soit besoin de s'en préoccuper. Mais il s'agit d'un contrôle interne intuitif, inorganisé, irrationnel et donc imparfait. Mettre en place le contrôle interne et s'en préoccuper c'est tout au contraire le faire vivre de façon raisonnée et rationnelle. Cela dit, lorsque tout un chacun essayait de rationaliser son action et de faire en sorte que tout marche bien, c'est-à-dire de s'organiser pour que les risques les plus inquiétants soient évités, sans pour autant prononcer le mot ou réfléchir à la notion de contrôle interne, les affaires n'allaient pas pour autant à vau-l'eau. Le bon sens, la connaissance du travail à accomplir ont permis, durant des décennies, d'élaborer et de faire fonctionner des modalités

---

1. Jacques Renard, « Permanence et actualité du contrôle interne », *Audit et contrôle internes*, février 2011.

d'organisation mettant à l'abri des risques essentiels. C'était le contrôle interne avant la lettre. Mais dès l'instant que l'environnement se complexifie, on ne peut plus se contenter d'approximations, fussent-elles réfléchies.

Dans ces premières observations, on perçoit déjà l'ambiguïté du vocable. Derrière le terme « contrôle interne » se cache une affreuse confusion qui a largement contribué à des incompréhensions et à des dérives. Le contrôle interne est la traduction plus qu'imparfaite d'« internal control ». On a alors oublié dans les années 1940, lorsque le mot a été emprunté aux comptables anglo-saxons, que « to control » signifiait avant tout « maîtriser » et non pas « vérifier », d'où les multiples interprétations erronées. Elles s'estompent peu à peu mais il y faudra encore du temps. Certains ont bien suggéré de remplacer le mot par « maîtrise des risques », mais il est trop tard, le coup est parti et les habitudes trop ancrées dans les réflexes. Contentons-nous donc d'expliquer et de convaincre.

À cette confusion de vocabulaire s'en est ajoutée une seconde qui perdure çà et là. Les Anglo-Saxons, les premiers à avoir conceptualisé cette notion, l'ont fait en l'appliquant à la comptabilité, d'où l'idée, qui subsiste encore, qu'il s'agit là d'une notion exclusivement comptable et qui ne s'applique qu'à la sphère financière. Nous verrons, et c'est là un progrès significatif, qu'elle est tout au contraire d'application universelle.

Cette évolution apparaît clairement dans l'histoire récente et se traduit dans les définitions qui la jalonnent – qui ont largement contribué au succès du concept. Concept dont nous aurons à expliquer la notoriété contemporaine en précisant les conditions permanentes et universelles qu'exige son utilisation rationnelle.

1. HISTORIQUE ET DÉFINITIONS

En passant sous silence les longues années durant lesquelles le concept n'était pas formulé, bien qu'étant grossièrement mis en œuvre, on se trouve propulsé au milieu du siècle dernier. Dès les années 1960, l'Ordre français des experts-comptables et la Compagnie des commissaires aux comptes ont importé la notion en démontrant que la maîtrise des risques essentiels en comptabilité permettait de se donner une assurance quant à la régularité et la sincérité des comptes. On ne saurait leur faire grief de se préoccuper avant tout de leur exigences professionnelles. D'ailleurs, dès 1977, l'Ordre des experts-comptables a donné du contrôle interne une définition qui, dépassant le cadre comptable, démontre à l'évidence que les pionniers avaient une vision exacte du concept et de son champ potentiel d'application :

> « Le contrôle interne est l'ensemble des sécurités contribuant à la maîtrise de l'entreprise. Il a pour but d'un côté d'assurer la protection, la sauvegarde du patrimoine et la qualité de l'information, de l'autre d'appliquer les instructions de la direction et de favoriser l'amélioration des performances. Il se manifeste par l'organisation, les méthodes et les procédures de chacune des activités de l'entreprise, pour maintenir la pérennité de celle-ci. »

Ainsi, en 1977, le caractère universel de la notion était déjà reconnu et affirmé.

Cette définition était d'ailleurs relayée en 1978 en des termes quasiment identiques par le « Consultative Committee of Accountancy » :

> « Le contrôle interne comprend l'ensemble des systèmes de contrôle, financiers **et autres**, mis en place par la direction afin de pouvoir diriger les affaires de l'entreprise de façon ordonnée et efficace, assurer le respect des politiques de gestion, sauvegarder les actifs et garantir autant que possible l'exactitude et l'état complet des informations enregistrées. »

Dès cette époque, on soulignait donc le double caractère de maîtrise et d'universalité, même s'il semble avoir été un peu oublié par la suite.

C'est en 1985, avec l'apparition d'un certain nombre de scandales, que commence véritablement l'*aggiornamento* du contrôle interne sous l'impulsion du sénateur américain Treadway qui a souligné la nécessité de donner aux chefs d'entreprises un outil, un référentiel de concepts, leur permettant de mieux maîtriser leurs activités. Il a alors été constitué à cette fin un groupe de travail, la commission Treadway, composé de façon tripartite : des représentants des grands cabinets d'audit, des membres d'organisations professionnelles (IIA, AICPA) et des délégués de grandes entreprises. Cette commission a publié le résultat de ses travaux en 1992 dans un ouvrage – *The Internal Control Integrated Framework* – traduit en français sous le titre *La pratique du contrôle interne*[1]. Ces travaux, que nous analyserons dans la première partie, ont fait le tour du monde. Ils sont désormais connus sous le vocable COSO[2].

---

1. IFACI/Coopers, *La pratique du contrôle interne*, Éditions d'Organisation, 1994.
2. COSO : Committee of Sponsoring Organizations of the Treadway Commission.

La définition du contrôle interne donnée en 1992 par le COSO a connu un retentissement mondial, elle précise :

> « Le contrôle interne est un processus mis en œuvre par le conseil d'administration, les dirigeants et le personnel d'une organisation destiné à fournir une assurance raisonnable quant à la réalisation des objectifs. »

Même si la traduction de « process » par « processus » prête parfois à controverse (il s'agit plutôt d'un procédé), cette définition présente l'intérêt de mettre l'accent sur **les acteurs** du contrôle interne : conseil d'administration, dirigeants et personnel sont concernés, c'est-à-dire tout le monde. De fait, le contrôle interne est l'affaire de tous les acteurs de l'organisation, quelle qu'elle soit. Puisque chacun a ses objectifs, chacun a son contrôle interne, et de haut en bas de la hiérarchie, ainsi qu'il sera ultérieurement démontré.

Cette définition a été fort heureusement complétée en 1995 par la définition canadienne du CoCo[1] qui décrit le contrôle interne comme :

> « Éléments de l'organisation (incluant ressources, systèmes, procédés, culture et tâches) qui, mis ensemble, aident à atteindre les objectifs. »

Cette définition met l'accent sur **les moyens**, dont on perçoit bien qu'ils sont en nombre infini. Elle insiste également sur deux autres aspects fondamentaux :

- la relativité : le contrôle interne ne donne pas l'assurance que les objectifs seront atteints, il aide seulement à les atteindre ; aspect déjà souligné par le COSO (voir « assurance raisonnable ») ;
- l'organisation : « mis ensemble », c'est-à-dire que nous ne sommes plus dans l'intuition ou dans l'approximation, il faut une volonté d'organiser et de mettre en œuvre.

On peut ajouter qu'il manque un mot dans l'énumération figurant dans la parenthèse ; c'est le mot « etc. » : les dispositifs de contrôle interne étant en nombre infini, on ne saurait en donner une liste limitative.

Dès cette date, l'essentiel était dit et les définitions suivantes n'ont fait que compléter, affiner, mettre en valeur les concepts initiaux du COSO et du CoCo. On peut citer pour achever ce tour d'horizon de l'histoire des définitions qui l'ont jalonnée :

---

1. CoCo : Comité sur les critères de contrôle.

* Le Turnbull guidance donne en 1999 la définition suivante :

> « Un système de contrôle interne englobe les politiques, processus, tâches, comportements et autres aspects de l'entreprise qui, combinés :
> – facilitent l'efficacité et l'efficience (y inclus la protection des actifs) ;
> – aident à assurer la qualité du reporting ;
> – aident à assurer la conformité aux lois et règlements. »

Cette définition résume assez bien les évolutions précédentes et insiste à juste titre sur l'impossibilité de fournir une liste limitative (voir « Autres aspects »).

* L'AMF (Autorité des marchés financiers) est allée plus loin encore en 2006 et a décidé de rédiger un cadre de référence plus spécifiquement français et sur lequel nous reviendrons. Elle donne du contrôle interne une définition très complète et qui fait la synthèse des définitions précédentes :

> « Le contrôle interne est un dispositif de la société, défini et mis en œuvre sous sa responsabilité.
> Il comprend un ensemble de moyens, de comportements, de procédures et d'actions adaptés aux caractéristiques propres de chaque société qui :
> – contribue à la maîtrise de ses activités, à l'efficacité de ses opérations et à l'utilisation efficiente de ses ressources ;
> – doit lui permettre de prendre en compte de manière appropriée les risques significatifs, qu'ils soient opérationnels, financiers ou de conformité. »

Et le texte se poursuit par l'énoncé des objectifs. Il a le grand mérite de mettre l'accent sur l'aspect opérationnel qui avait été quelque peu oublié.

Ainsi, l'histoire semble s'être accélérée et le concept de contrôle interne est de plus en plus présent, analysé, perfectionné. D'où proviennent ce succès et ce regain d'actualité ?

2. L'ACTUALITÉ DU CONTRÔLE INTERNE

Il y a non pas une cause mais un faisceau de circonstances qui expliquent cette évolution et on peut en identifier trois :

* la complexité croissante des activités ;
* l'expansion géographique ;
* le maquis des réglementations.

2.1. La complexité croissante des activités

Il n'y a pas si longtemps, les travaux de chacun étaient relativement simples et donc faciles à maîtriser par celui qui avait la compétence requise. En conséquence de quoi, chaque responsable était en mesure de comprendre et donc d'apprécier le travail de ses collaborateurs. Or, tout se complexifie : les organisations se ramifient et sont plus difficiles à maîtriser, les méthodes de travail exigent des compétences de plus en plus spécialisées, les procédés de fabrication sont toujours plus élaborés et nécessitent des connaissances précises, souvent fragmentaires, les systèmes d'information à disposition de tous ne sont pas opérables par tous : le généraliste disparaît au profit du spécialiste.

Ces spécialistes qui sont apparus dans tous les secteurs d'activité ont en commun d'en savoir plus que leur hiérarchie dans leur spécialité. Certes, on « fait confiance » ; mais outre que ce n'est pas la meilleure méthode, elle fait naître inéluctablement une inquiétude. C'est cette préoccupation qui fut à l'origine des réflexions de la commission Treadway : que peut-on imaginer, quelles dispositions prendre pour être à l'abri des risques majeurs lorsqu'on ne maîtrise plus convenablement activités et décisions à prendre ?

On retrouve dans ce questionnement la 3ᵉ loi de Parkinson : « expansion = complexité ; complexité = décadence ». En d'autres termes, pour éviter la décadence il faut lutter contre la complexité. C'est un réflexe naturel qu'ont acquis les entreprises : le succès du contrôle interne participe de ce réflexe. En ces temps de complexité croissante, il est apparu comme une planche de salut, d'autant plus que deux autres causes se sont ajoutées à la première, et qui sont aussi des formes spécifiques de complexité.

2.2. L'expansion géographique et le maquis des réglementations

Les entreprises, et pas seulement les grandes entreprises, ont de plus en plus étendu géographiquement leur sphère d'activité, non seulement en France mais également à l'étranger. La difficulté à faire vivre les délégations de pouvoirs dans un environnement éloigné, la supervision devenue aléatoire et l'obstacle de la langue ont créé des problèmes jusqu'alors inconnus. En dépit des réseaux informatisés, du développement des ERP, de la mise en place de directives ou de codes d'éthique, le chef d'entreprise peut avoir, là encore, l'impression de perdre la main. Et cette impression s'est concrétisée dans un certain nombre de scandales qui en ont fait réfléchir plus d'un et ont montré que la délégation de pouvoirs n'était pas le remède universel, ainsi que nous le verrons dans la 3ᵉ partie.

Le contrôle interne est alors apparu comme la réponse adéquate. Avec la chasse aux risques imprévus, avec l'assurance d'un progrès, même relatif, dans la maîtrise des activités, et avec la perspective d'accroître les chances de réaliser les objectifs malgré des obstacles, l'inquiétude du responsable est minimisée.

Le maquis croissant des réglementations est la troisième cause du succès croissant du contrôle interne. Et il l'est à un point tel que certaines organisations (banques, assurances) ont identifié le respect de la conformité aux règles comme objectif prioritaire du contrôle interne. Certes, nul n'est censé ignorer la loi et le chef d'entreprise moins qu'un autre. Mais la règle est devenue tellement multiforme, envahissante, complexe, pointilleuse que personne n'est à l'abri d'un faux pas, d'une erreur d'interprétation ou d'un laxisme des services chargés de connaître et d'appliquer la réglementation dans un secteur donné.

L'inquiétude du responsable, déjà évoquée, trouve ici une nouvelle raison de se manifester, et la mise en place d'un contrôle interne rationnel et organisé apporte une réponse significative.

Ainsi, le contrôle interne est vite apparu comme la réponse adéquate aux spécificités des évolutions contemporaines et nous verrons que les réglementations étatiques ont pris acte, directement ou indirectement, de cette opportunité.

Et cette évolution n'est pas achevée.

C'est ce que nous observerons dans l'exposé sur la théorie et la pratique du contrôle interne que nous allons développer selon un plan en quatre parties.

ANNONCE DU PLAN

Première partie : caractéristiques du contrôle interne

Outre le fait que la double dimension du contrôle interne est un des éléments permettant de l'appréhender, il présente un certain nombre de spécificités essentielles à sa compréhension et touchant à sa relativité, à sa finalité et à sa nature. Il convient de ne pas le confondre avec les fonctions de l'entreprise qui contribuent à son amélioration.

On doit, tant dans son élaboration que dans son utilisation, respecter des conditions précises indispensables pour une mise en œuvre de qualité.

Enfin, pour aborder le contrôle interne, il faut au préalable définir acteurs et moyens, lesquels procurent de la valeur ajoutée dès l'instant qu'est organisé l'urbanisme du contrôle interne.

Deuxième partie : référentiels et réglementations

Le contrôle interne s'est progressivement élaboré à partir de référentiels dont le plus connu et le premier est le COSO 1 qui sert encore largement de référence et a été complété au plan de la gestion des risques par le COSO 2. D'autres référentiels sont venus l'enrichir : CoCo, Turnbull guidance, référentiel AMF.

À ces éléments sont venus s'ajouter des réglementations propres à certaines professions et des textes réglementaires ou législatifs, d'origine européenne, étrangère ou française, qui étendent et élargissent la conception et la prise en compte du contrôle interne.

Troisième partie : le cadre de maîtrise

Les dispositifs de contrôle interne sont en nombre infini, mais il convient de les mettre en ordre pour les analyser et les utiliser à bon escient : c'est le cadre de maîtrise.

Ils sont évidemment en relation directe avec les risques qu'ils se proposent d'éliminer.

On peut les regrouper en six familles fondamentales. Leur mise en œuvre par tout un chacun exige que soient remplies un certain nombre de conditions préalables.

Ce regroupement aide à la cohérence qui est la qualité première d'un dispositif de contrôle interne. Il permet également d'y voir plus clair dans l'amélioration du contrôle interne et de mieux lutter contre la fraude.

Quatrième partie : mise en œuvre et pilotage du contrôle interne

Un système de contrôle interne obéit à des règles méthodologiques pour son implantation et sa maintenance. C'est un véritable projet qui doit être conduit avec ses règles de fonctionnement et le soutien de la direction. Son pilotage exige une veille permanente sur les risques, la connaissance et l'utilisation d'un certain nombre d'outils.

Son évaluation périodique, réalisée aussi bien par le manager que par l'audit interne, peut être conduite selon des méthodes diverses qui doivent être connues des évaluateurs.

Mais tout ceci ne peut être entrepris et mené à son terme que si un certain nombre de conditions sont préalablement réunies qui touchent à la culture, aux hommes et à l'organisation.

Partie 1

Caractéristiques du contrôle interne

Chapitre 1

La singularité du contrôle interne

À la fois universel et original, le contrôle interne présente des spécificités qui le caractérisent.

1. LA DOUBLE DIMENSION DU CONTRÔLE INTERNE

Les définitions révèlent la double dimension du contrôle interne : une dimension universelle tempérée par une dimension culturelle.

La première nous enseigne que, même si le contrôle interne organisé et rationnel n'est pas présent partout, il a vocation à l'être et, de fait, peut être implanté en tous lieux. On ne peut en déduire qu'il est uniforme, même s'il obéit aux mêmes règles, car il est coloré par la culture des milieux et des organisations.

1.1. La dimension universelle

Elle transparaît dans presque toutes les définitions. Elle est d'ailleurs originelle puisque le contrôle interne existe avant même d'avoir été réfléchi et organisé. Mais dans sa dimension rationnelle, il peut se construire partout et avec les mêmes outils. Cette universalité fait écho à celle de l'audit interne puisque ce dernier a pour finalité d'apprécier le contrôle interne.

Cette dimension s'exprime dans deux directions. Le contrôle interne concerne chaque activité : toute activité devant être maîtrisée, elle a son contrôle interne (plus ou moins élaboré, plus ou moins réfléchi). Ainsi peut-on parler du contrôle interne des achats, du processus paie, de la fonction informatique, du service médical, d'une unité de fabrication... tout comme on pourrait parler du contrôle interne d'une usine ou du conseil d'administration ou encore du gardiennage, c'est-à-dire toutes les activités d'une entité de la plus simple à la plus complexe.

Observons dès maintenant que plus on descendra dans le détail au niveau des activités, plus on disposera d'un contrôle interne raffiné et pointilleux. Jusqu'où faut-il aller ? C'est ce que l'on examinera dans la quatrième partie en évoquant la « granularité » du contrôle interne.

La dimension est également universelle en ce sens que le contrôle interne a vocation à s'appliquer à toutes les organisations : les entreprises, grandes ou petites, et les administrations (administrations centrales ou collectivités territoriales, armée ou Trésor public, mairies ou conseils généraux). On peut ajouter les associations, les hôpitaux et, pourquoi pas, une association de malfaiteurs qui, elle aussi, a ses risques qu'il lui faut maîtriser pour réussir !

Cette universalité se traduit dans l'expansion continue du concept. Adopté au départ par les seules grandes entreprises, le contrôle interne s'est étendu aux entreprises de moyenne importance et même aux plus petites. Dans le même temps, il a gagné la sphère publique au rythme des législations et réglementations qui, nous le verrons, en parlent de plus en plus. Cette évolution n'est pas achevée, le monde associatif et les administrations centrales sont également des parties prenantes dans cette évolution.

1.2. La dimension culturelle

Elle atténue la dimension universelle de façon relative. En effet, la notion de culture joue certes un rôle très important, mais elle varie selon l'environnement.

1.2.1. La notion de culture

Cette dimension est essentielle pour caractériser l'environnement de contrôle (voir partie 2, chapitre 1). La culture, dans une organisation, c'est ce qui ne se voit pas. C'est, a-t-on dit, « une programmation mentale collective ». Ce sont les aspects cachés, souvent affectifs, relevant de la psychosociologie et de la psychologie industrielle. On ne les perçoit pas à première vue et pourtant ils sont bien présents. On y trouve, pêle-mêle, les relations de groupe, les relations personnelles, l'histoire de l'organisation qui a façonné les mentalités, les parcours personnels, les communautés d'études... C'est le bien connu : « Chez nous cela ne se fait pas » souvent opposé aux avis des consultants externes. Cela se manifeste aussi bien dans les codes vestimentaires ou le langage (le jargon maison) que dans les méthodes de travail ou les modes de relation. Peu saisissable, la culture va se manifester dans des occasions de tension ou de difficultés : fusions d'entreprise, décisions importantes du management, implantation du contrôle interne ou arrivée des auditeurs internes.

On retrouve la définition de E. Delavallée[1] :

> « La culture d'entreprise est un ensemble de valeurs, de croyances, et de normes de comportement :
> – évidentes pour et partagées par les membres de l'entreprise ;
> – en interaction les unes avec les autres ;
> – qui se manifestent par des productions matérielles et symboliques ;
> – et se sont construites tout au long de l'histoire de l'entreprise en réponse aux problèmes rencontrés. »

La métaphore de l'iceberg a souvent été utilisée pour symboliser l'importance de la culture : c'est ce qui est sous l'eau, ce qui ne se voit pas qui est le plus important.

Cette dimension culturelle vient tempérer la dimension universelle. Certes, le contrôle interne existe partout mais il n'est pas identique en tout, même si les principes qui le gouvernent sont les mêmes, et cela pour cette simple raison que les objectifs et les risques qui leur font échec ne sont pas identiques.

1.2.2. Les variables culturelles

La culture qui singularise va peser de tout son poids et dans trois directions.

Selon **le mode d'organisation** : si nous sommes dans une entité dynamique et en plein développement, là où les préoccupations majeures sont l'expansion et l'accroissement du chiffre d'affaires, là où l'urgence est la règle et où une occasion perdue peut peser sur les résultats, alors on va fonctionner avec un contrôle interne léger, peu contraignant, garantissant l'essentiel mais laissant assez de souplesse pour permettre une action rapide.

---

1. Delavallée E., *La culture d'entreprise pour manager autrement*, Éditions d'Organisation, 2002.

Trop souvent d'ailleurs dans ce genre d'organisation et ce type de culture, on confond contrôle interne léger avec absence de contrôle interne, ce qui est mortifère.

Si, au contraire, nous sommes dans une entité complexe, où des risques importants peuvent être générés par des incidents mineurs, où la réglementation est très stricte (centrale nucléaire ou banque par exemple), alors on mettra en place un contrôle interne minutieux, précis, pointilleux.

Mais la culture va également colorer le contrôle interne selon **la nature de l'activité** : activité industrielle ou activité financière ou de service. Et le particularisme sera encore plus grand là où le contrôle interne a été réglementé comme nous le verrons dans la seconde partie.

Les risques du gérant d'un self-service ne sont pas les mêmes que ceux du directeur d'une centrale nucléaire. Le contrôle interne du premier ne sera donc pas le même que le contrôle interne du second. Mais inversement, le contrôle interne du responsable d'un self-service dans une entreprise ressemble beaucoup à celui du responsable d'un self-service dans une autre entreprise, même si les deux entités ne sont pas de même nature. L'activité colore le contrôle interne pour cette simple raison qu'à activité égale les risques se ressemblent. Les dispositifs vont donc être de même nature.

On verra même – quelle que soit l'activité – que plus on descend dans la hiérarchie plus on privilégie certains dispositifs par rapport à d'autres, et inversement.

Et, bien évidemment, le vocabulaire va suivre les particularismes. Chaque activité a son jargon et le contrôle interne est à ce point immergé dans l'activité qu'il permet de maîtriser (et il est souhaitable qu'il le soit) qu'il va traduire lui aussi ce particularisme. D'où la difficulté qu'il peut y avoir pour des non-initiés à pénétrer dans le contrôle interne d'une activité qui leur est étrangère. Il s'ensuit parfois des problèmes de compréhension pouvant affaiblir la communication et réduire les bénéfices d'un benchmarking toujours souhaitable.

La troisième direction dépend de **la localisation géographique** : tel risque sera considéré comme plus important en Asie qu'en Europe et, par voie de conséquence, le contrôle interne verra se développer des dispositifs là où ailleurs ils ne sont qu'esquissés.

Dans un excellent *Cahier de la recherche*[1] l'IFACI a défini les variables culturelles du contrôle interne. On y précise cinq profils culturels, c'est-à-

---

1. IFACI, « Les variables culturelles du contrôle interne », *op. cit.*

dire cinq domaines qui vont avoir une influence sur la nature, la coloration et le degré de relativité du contrôle interne. Ce sont :

- la compréhension de l'environnement de contrôle. Nous verrons en seconde partie l'importance de cette notion ;
- la mise en place d'un dispositif de contrôle interne en cohérence avec la culture. Si la cohérence n'est pas au rendez-vous, le contrôle interne risque fort de rester lettre morte et nous verrons comment la préserver ;
- la formulation par l'audit interne de recommandations cohérentes avec la culture. Là aussi, les recommandations de l'audit interne n'étant pas autre chose que des modifications à apporter au contrôle interne, si elles sont en cohérence culturelle, elles seront plus facilement acceptées, donc mises en œuvre, et le contrôle interne en sera amélioré ;
- le déploiement et l'amélioration continue du contrôle interne. Soutenir l'attention par des actions de progrès, c'est aider au développement ;
- assurer le marketing du contrôle interne. Nous verrons en effet à la fin de cet ouvrage qu'il ne suffit pas de mettre en place, il faut faire vivre.

Cette première approche, et les travaux du COSO et de l'AMF y font allusion, permet de définir les conditions indispensables à un bon contrôle interne et qui concernent toutes les dimensions du concept. Il s'ensuit des caractéristiques que l'on rencontrera partout.

2. LES SPÉCIFICITÉS DU CONTRÔLE INTERNE

Elles caractérisent le contrôle interne par rapport à d'autres règles, systèmes ou procédés de management et permettent, lorsqu'on les a bien identifiées, d'éviter confusions et contresens.

Il convient en effet d'apporter quatre précisions majeures pour bien connaître ce dont on parle.

2.1. La relativité

Le contrôle interne n'est pas une sorte de potion magique dans laquelle on serait plongé et qui permettrait de vivre tranquillement. « J'ai pris la potion magique, donc maintenant plus d'erreurs possibles, plus de dysfonctionnements, plus de malversations. » Ce n'est pas ainsi que les choses se présentent.

Le contrôle interne ne peut avoir qu'une **efficacité relative** pour cette simple raison qu'il se propose de faire échec aux risques et que, outre le fait que tous les risques ne méritent pas que l'on s'en préserve, ils changent sans cesse, et sans cesse de nouveaux apparaissent. À peine a-t-on mis en place un dispositif protecteur qu'il risque d'avoir perdu son efficacité. C'est bien pourquoi les auditeurs internes en charge de l'appréciation et de l'amélioration du contrôle interne ne peuvent pas délivrer de certification. Ils peuvent seulement certifier qu'après leur passage les activités seront mieux maîtrisées qu'elles ne l'étaient avant. Certification relative, donc, et qui fait écho à la relativité du contrôle interne.

Cette relativité s'apprécie à trois niveaux.

2.1.1. Le changement ou l'adaptation permanente

Il est la nécessaire contrepartie d'un monde en mouvement. Il implique de la part des acteurs du contrôle interne une constante remise en cause des dispositions prises. Il y a là un juste équilibre à trouver. Doit-on tous les matins se demander s'il ne convient pas de revoir ce qui a été mis en chantier la veille ? Certainement pas. Mais il convient de discerner les moments, les opportunités pour une révision des dispositions prises. Deux éléments doivent permettre au responsable de savoir à quel moment intervenir et un troisième doit permettre d'aller plus loin encore.

- **La connaissance du métier**

  C'est là que le rôle du responsable opérationnel est indispensable. Un dispositif de contrôle interne élaboré sans son concours serait vite condamné à l'obsolescence. On ne verrait pas venir les évolutions, les transformations, les changements d'activité, tous ces phénomènes qui sont autant de risques potentiels nouveaux et imprévus. Le responsable opérationnel qui connaît son métier, y est immergé au jour le jour saura prévoir et anticiper les évolutions, distinguer l'accessoire du principal et prendre en temps utile les mesures qui s'imposent. Ici, c'est un nouveau procédé de fabrication entraînant une usure plus rapide des matériaux et exigeant la mise en place d'un système radiographique de surveillance en continu ; ailleurs, c'est une modification des horaires de quart nécessitant l'installation d'un nouveau dispositif de pointage des heures de présence. Pour être au fait des évolutions, le responsable, et nous le verrons avec l'évaluation du contrôle interne, utilise une technique spécifique : le self-audit.

  L'important est qu'il se considère toujours concerné, même s'il est assisté par un spécialiste, le contrôleur interne.

  En complément du self-audit, un second acteur intervient dans l'adaptation permanente du contrôle interne.

- **L'audit interne**

  C'est l'auditeur interne qui, intervenant selon une fréquence définie en fonction des risques, va être souvent le premier à alerter le responsable sur les aménagements à apporter. Mais, là encore, c'est le manager et sa hiérarchie qui auront le dernier mot quant à la mise en œuvre des recommandations.

Illustration

Dans une usine chimique, il existe un stockage spécifique pour les produits chimiques utilisés en fabrication. À la suite d'une amélioration dans le processus de fabrication, on est conduit à utiliser un nouveau produit contenant une source radioactive.

D'après la législation, ce produit doit être stocké dans un local spécial avec des mesures de protection spécifiques.

C'est le responsable opérationnel qui, étant le premier informé, est en mesure de faire prendre à l'avance les dispositions nécessaires pour faire construire un local approprié avant la mise en route du nouveau processus.

C'est un dispositif de contrôle interne essentiel et qui doit être accompagné par des procédures adéquates.

Si l'initiative des dispositifs de contrôle interne à mettre en place se situe en dehors de la ligne hiérarchique des responsabilités, il y aura au mieux du retard, et donc exposition au risque dès la première livraison du produit.

- **Le concept de maturité**

  Il est dérivé du « Capability Maturity Model Integration » (CMMI) conçu en 1987 dans le domaine informatique et dont le COBIT s'est largement fait l'écho. Appliqué au contrôle interne, il incite à pratiquer le retour d'expérience qui va permettre à la modeste adaptation de devenir facteur de progrès en allant au-delà de la simple mise à jour. Ainsi, le seul enrichissement des tâches d'un livreur de produits induit un recours plus fréquent à la supervision pour minimiser les risques nouveaux. Cette adaptation peut conduire à une révision totale du processus de livraison et de ses dispositifs de contrôle interne.

  Les savoirs accumulés sont toujours générateurs d'un niveau supérieur de maturité, donc d'une meilleure maîtrise des activités.

2.1.2. L'efficacité ou l'absence de perfection

Elle est une des conséquences de la relativité du contrôle interne. Laisser passer les petits risques, les risques « acceptables », c'est-à-dire ceux qui ne sont pas susceptibles de nuire à la réalisation des objectifs, témoigne d'une saine conception du contrôle interne. Si l'on estime nécessaire que la signature d'un responsable habilité doit figurer sur les bons de sortie des pièces détachées d'un magasin, il n'est sans doute pas utile d'en exiger une seconde. Et cela d'autant plus que le seul apport du second signataire consistera le plus souvent à s'assurer que la signature du premier existe : « puisqu'il a signé, je peux donner mon autorisation ».

De même, on ne jugera pas utile de vérifier systématiquement toutes les sorties de personnel ou de pointer 100 % des écritures... Nous verrons que la supervision doit s'exercer selon des règles prédéfinies. À défaut d'observation directe par le responsable, c'est l'auditeur interne qui indiquera s'il y a lieu de les resserrer ou de les alléger.

On peut ainsi comparer le contrôle interne à un filet tendu pour se protéger des risques susceptibles de tomber sur notre tête. Mais c'est un filet, non pas un écran, et ce pour une double raison :

- tendre un écran signifierait que l'on prétend vouloir travailler sans risques, ce qui non seulement serait une illusion mais conduirait à élaborer une organisation si complexe qu'elle ne pourrait fonctionner ;
- le filet a le mérite d'être composé par des mailles qui seront dimensionnées aux risques contre lesquels on souhaite se protéger, c'est-à-dire les risques inacceptables. En revanche, on laissera passer les petits risques qui ne sont pas susceptibles de nuire aux objectifs. Savoir ajuster la dimension des mailles du filet est évidemment la grande affaire des responsables du contrôle interne : c'est **la granularité** du contrôle interne dont nous reparlerons. Et ceci implique que chacun ait la connaissance préalable de ses risques : comment tricoter mon filet, en dimensionner les mailles si je ne connais pas les risques contre lesquels je souhaite me préserver ?

Derrière cette recherche de la relativité se profile bien évidemment l'ombre du prix de revient.

2.1.3. Le coût ou le refus du contrôle à tout prix

Mettre en place des dispositifs de contrôle interne pour se protéger des risques, c'est bien, encore faut-il que le prix de revient du dispositif n'excède pas le coût de l'impact du risque.

C'est le refus du marteau-pilon pour écraser une mouche. On est ici dans le bon sens, mais il n'est pas toujours la chose du monde la mieux partagée. Il faut savoir trouver le juste milieu entre la complexité dangereuse et la simplification excessive : « Tout ce qui est simple est faux, tout ce qui est compliqué est inutilisable ».

On est ici plus dans la déclaration d'intention que dans une règle comptable. La difficulté est d'évaluer les coûts : comment estimer le temps et les efforts induits ? Comment mesurer une compétence rendue nécessaire ? Comment calculer le prix de revient d'un contrôle intégré aux processus de gestion ? Il faut se résoudre, sauf exception, à une appréciation plus qualitative que quantitative. L'essentiel est sans doute de disposer d'un critère discriminant qui permettra de tracer la frontière entre l'indispensable et le superflu.

Lorsqu'on cherche le critère pour optimiser le rapport coûts/niveau de maîtrise attendu, il n'est qu'une réponse possible : les objectifs. Tous les coûts générés par la mise en place et la maintenance de dispositifs sont justifiés dès l'instant qu'ils vont permettre de faire échec à des risques qui, faute d'être contenus, auraient empêché la réalisation des objectifs. Toutefois, il faut néanmoins pondérer l'importance des objectifs en question. Mais c'est bien sur ce terme qu'il faut centrer l'analyse, même si la réponse n'est pas toujours automatique.

Là encore, il faut savoir accepter la relativité. Et tout cela pour quelle finalité ?

2.2. La finalité

On ne doit jamais oublier que **le contrôle interne n'est pas une fin en soi**. Cette affirmation n'a l'air de rien mais elle est très importante. Elle signifie que l'on ne doit pas faire du contrôle interne pour le plaisir de faire du contrôle interne. Or c'est chaque jour que nous rencontrons des responsables qui font du contrôle interne pour le plaisir (ou par habitude). Quels sont-ils ?

Ce sont tous ceux qui imaginent et tentent de mettre en œuvre des procédures inutilement compliquées, ce sont tous ceux qui conçoivent des organisations exagérément complexes, génératrices de perte de temps, de double emploi et donc de risques, ce sont également tous ceux qui abreuvent les différents acteurs d'informations inutiles et en si grand nombre que les arbres cachent la forêt. Tous ces gens-là font du contrôle interne pour le plaisir de faire du contrôle interne.

Or, il est important de prendre en compte cette déviation, singulièrement pour les auditeurs internes. Car cela signifie que dans leur travail d'ajustement et d'amélioration du contrôle interne, les auditeurs internes ne sont pas nécessairement des gens qui vont compliquer l'existant, qui vont ajouter des procédures aux procédures, empiler de nouvelles règles sur les règles existantes. Ce sont bien souvent des acteurs de la simplification car c'est la complexité existante qui crée des risques. Ils vont aider à mieux maîtriser en faisant vider les armoires, en allégeant les fichiers, en rendant les procédures plus lisibles, en suggérant une organisation moins complexe ou des procédures informatiques moins pointilleuses.

Et cette simplification, les responsables opérationnels doivent s'en saisir, sans attendre la venue des auditeurs. On retrouve dans ce propos la troisième loi de Parkinson déjà citée : « expansion = complexité ; complexité = décadence », d'où le réflexe instinctif et toujours renouvelé d'avoir à lutter contre la complexité.

On a pu se demander si la finalité du contrôle interne était de dire clairement ce qu'il fallait faire ou ce qu'il convenait de ne pas faire. La réponse est et doit être sans ambiguïté : il convient – et exclusivement – de dire ce qu'il faut faire, pour cette simple raison que le « ne pas faire » est sans limites et que se lancer dans cette voie serait se condamner à de dangereuses omissions.

2.3. L'ensemble organisé

Pour bien comprendre le contrôle interne, il faut retenir que c'est un ensemble de procédés, de moyens, de dispositifs, de façons de faire concernant tous les niveaux de l'organisation et comportant les mêmes éléments quel que soit le sujet auquel on les applique. La définition du CoCo illustre bien cet aspect. Il ne se confond pas avec un processus qui est une démarche indicative permettant de transformer les données d'entrée en résultats de sortie.

Ce n'est donc pas une activité à part, une branche supplémentaire dans l'organisation. Le contrôle interne est partie intégrante de chaque fonction et de chaque activité dans chaque fonction.

La gestion des ressources humaines a son contrôle interne, mais dans les ressources humaines, la paie a également son contrôle interne, et dans la paie le processus de mise à disposition des fonds a également son contrôle interne ; c'est-à-dire qu'à tous les niveaux, on prend les dispositions nécessaires pour éviter les risques jugés inacceptables eu égard aux objectifs de l'opération ou de l'activité concernée.

Pour bien comprendre cet aspect, il est essentiel de ne pas confondre le contrôle interne avec les fonctions qui directement ou indirectement contribuent à sa mise en œuvre ou à son enrichissement. Il convient d'éviter les confusions.

- Ne pas confondre « audit interne » et « contrôle interne ». L'audit interne est la fonction qui apprécie le contrôle interne de chacun, en détecte les dysfonctionnements et aide les responsables à l'améliorer en formulant des recommandations.

- Ne pas confondre « management des risques » et « contrôle interne ». Le management des risques est en amont du contrôle interne : pour traiter les risques, il faut d'abord les connaître. Manager les risques, c'est les identifier, les évaluer et définir une politique de risques en suggérant pour chaque risque les options à prendre pour les traiter.

Nous verrons avec le COSO 2 qu'il y a quatre options. Parmi elles, il en est une qui consiste à mettre en place des dispositifs de contrôle interne qu'il faudra ensuite gérer. Donc :

- le management des risques précède les décisions relatives au contrôle interne ;
- le management des risques est une fonction de gestion autonome.

- Ne pas confondre « contrôle de gestion » et « contrôle interne ». Le contrôle de gestion porte un regard sur les réalisations par rapport aux objectifs, il apprécie la performance et élabore des prévisions aidant à définir la stratégie. Il a beaucoup à prendre des appréciations de l'audit interne sur le contrôle interne et beaucoup à donner pour l'enrichir.

- Ne pas confondre « démarche Qualité » et « contrôle interne ». Par l'amélioration des produits et services internes et externes, la démarche qualité contribue à perfectionner le contrôle interne en minimisant les risques susceptibles de naître d'une qualité déficiente.

- Ne pas confondre contrôle interne et inspection : l'inspection est une fonction qui s'intéresse aux personnes et s'assure qu'elles respectent les consignes et les règles de conformité, porte une attention particulière aux fraudes possibles et apprécie la qualité du travail.

L'audit interne, le management des risques, le contrôle de gestion, la qualité, l'inspection sont des fonctions qui ont leur propre contrôle interne et donc s'organisent pour bien maîtriser leur activité et la mettre à l'abri des risques. Le contrôle interne est un moyen entre les mains de chaque responsable.

Il est donc essentiel que les confusions soient évitées, en dépit de la diversité du contrôle interne qui ne facilite pas toujours la compréhension du concept.

2.4. La diversité

Même si l'on peut regrouper en quelques têtes de chapitres les principales composantes du contrôle interne, ainsi que nous y invitent les référentiels, ce qui caractérise le concept est la diversité. Au-delà des composantes de regroupement, le contrôle interne est constitué par une infinité d'éléments dont la variété est telle qu'elle interdit tout inventaire exhaustif. Le seul dénominateur commun est la finalité : faire obstacle aux risques identifiés.

On y trouve aussi bien des indicateurs de mesure que des compétences requises ou un bureau supplémentaire sans lequel on ne saurait faire face sans risques, ou un logiciel permettant de donner l'alerte ou encore une description de poste dans laquelle rien n'a été omis ; ici une délégation de pouvoirs, là un comité spécialisé, ici encore une procédure de réforme et ailleurs des règles de supervision hiérarchique...

Cette diversité traduit la richesse du concept. Dans le même temps, elle explicite le caractère universel du contrôle interne. Elle n'est pas un obstacle tant que cette diversité reste en cohérence avec la culture, sinon elle risquerait de mettre un frein au bon fonctionnement. Et l'on peut y mettre de l'ordre, un certain ordre qui permet d'aller plus loin encore ainsi que nous le verrons dans la suite de cet ouvrage.

Ce qu'il faut retenir

Le contrôle interne est intrinsèque à toutes les activités professionnelles ou non professionnelles, à tous les secteurs industriels ou de services, au domaine public aussi bien qu'au domaine privé.

Dans chaque activité, il est partie intégrante de chaque opération. Sa nature est donc par essence universelle.

Cette universalité est tempérée par la culture. La coloration et la mise en œuvre de composants identiques seront altérées selon le mode d'organisation, la nature de l'activité et le lieu où elle s'exerce.

On ne peut déployer un système de contrôle interne dans l'abstraction et hors de tout contexte.

Mais quel que soit l'environnement, il présente des spécificités constantes :

- il ne peut offrir qu'une protection relative et ne vise que l'amélioration raisonnable ;
- il doit impérativement correspondre à une nécessité et n'obéit pas à des modes ;
- ce n'est ni une fonction, ni une activité ; c'est une façon de faire, un ensemble de procédés pour faire échec aux risques. Il se caractérise par sa diversité.

Pour bien l'apprécier, il faut éviter toute confusion avec la qualité, le management des risques, l'audit interne, l'inspection et le contrôle de gestion.

Chapitre 2

Les conditions permanentes
pour un bon contrôle interne

Le COSO parle d'objectifs permanents. Or, des objectifs se mesurent et s'expriment en termes chiffrés. Il s'agit ici beaucoup plus que de simples objectifs, de véritables éléments constitutifs du contrôle interne et qui conditionnent sa qualité et son efficacité. Ils concernent tous les cas de figure et constituent en quelque sorte une toile de fond à laquelle doivent se référer en permanence tous ceux qui mettent en place ou pilotent le contrôle interne.

Énoncées pour la première fois par le COSO 1, reprises ultérieurement dans les Normes professionnelles de l'audit interne (N.2120.A1), quatre conditions encadrent le contrôle interne et forment autant de règles à respecter par tous et quel que soit le niveau hiérarchique. Un contrôle interne bien conçu doit permettre de veiller à :

- la fiabilité et l'intégrité des informations financières et opérationnelles ;
- l'efficacité et l'efficience des opérations ;
- la protection du patrimoine ;
- le respect des lois, règlements et contrats.

1. LA FIABILITÉ ET L'INTÉGRITÉ DES INFORMATIONS FINANCIÈRES ET OPÉRATIONNELLES

La fiabilité se définit scientifiquement comme l'aptitude d'un dispositif à accomplir une fonction requise dans des conditions données pour une période de temps donnée. Appliquée à notre sujet, la fiabilité d'une information nous donne l'assurance que l'on peut en déduire ce qu'on est en droit d'attendre. Il n'y a ni piège, ni chausse-trappe. La grande novation a été ici d'ajouter le mot « opérationnel ». En effet, au départ, on ne considérait que l'information financière. Or ce sont bien toutes les informations que chacun reçoit, crée, utilise qui sont concernées, et le montant d'une facture n'est pas plus ou moins important que la mesure de pression dans un réservoir : dans les deux cas, il s'agit d'une information de gestion, et la seconde est même plus intéressante que la première car elle permet de maîtriser des problèmes de sécurité.

Il est donc nécessaire que « la machine à fabriquer des informations » fonctionne sans erreurs et sans omissions dans tous les secteurs, faute de quoi il ne pourra y avoir une maîtrise convenable des opérations. On peut même dire « les machines à fabriquer les informations » car il existe de nombreuses sources d'informations, toutes concernées : techniques, commerciales, manuelles et qui ne sont pas véhiculées par le système d'information central. De plus, la fiabilité est singulièrement importante pour les informations destinées à l'extérieur car elles véhiculent l'image de l'entreprise et ne peuvent être biaisées.

Pour servir valablement le contrôle interne, chaque information, quelle que soit son origine, doit être :

- fiable et vérifiable ;
- exhaustive ;
- pertinente ;
- disponible.

1.1. Une information fiable et vérifiable

On pourrait écrire fiable parce que vérifiable. Et c'est pourquoi tout système de contrôle interne doit comporter un système de preuve sans lequel il n'y a ni garantie ni justification possibles. Le « système de preuve » peut varier à l'infini. On pense aussitôt à l'archivage et à la conservation des documents, ce qui est le système le plus traditionnel pour les informations financières et comptables. Mais ce peut être aussi bien un relevé de température ou de pression, la boîte noire des avions, le constat d'un huissier ou d'un métreur-vérificateur, ou encore la simple observation de la peinture fraîche d'un immeuble.

On s'est parfois demandé si en posant le principe de fiabilité on ne mettait pas en cause la responsabilité des dirigeants ; il y aurait alors de leur part une sorte d'engagement susceptible de les lier. En fait, nous ne sommes pas dans le domaine juridique ou judiciaire mais dans la sphère de la gestion et cette interprétation a été abandonnée.

Mais la fiabilité pose également le problème de la conservation. Et il se pose surtout pour les données informatiques : on doit veiller à ce que le support de l'information ne s'altère pas au fil du temps et qu'il puisse continuer à être lu.

1.2. Une information exhaustive

C'est-à-dire complète, sans blancs ni omissions. L'information tronquée, partielle est toujours une information fausse car elle peut faire l'impasse, volontaire ou involontaire, sur une donnée essentielle. L'exhaustivité concerne ici l'information unitaire : on ne saurait en exclure un des aspects. Tous les éléments sont à prendre en compte, ce qui n'interdit pas une analyse rationnelle. Il y a en effet une limite à l'exhaustivité, c'est l'inutilité. Cela ne signifie donc pas qu'il faille englober toutes les informations possibles. Là comme ailleurs, le tri s'impose pour que le trop-plein ne rende pas aveugle.

La chasse à l'information inutile est une des composantes de l'exhaustivité. On aborde là une troisième exigence : la pertinence.

1.3. Une information pertinente

L'information doit être adaptée au but poursuivi. Nous reverrons ce point plus en détail quand nous aborderons l'examen concret des dispositifs de contrôle interne. Soulignons dès à présent l'erreur trop souvent répandue de bases de données qui, contenant tout, ne contiennent plus rien car l'information utile est noyée, perdue dans une forêt d'informations superflues.

Observons que l'information non pertinente peut se situer en dehors de tout système d'information. Un double comptage, l'enregistrement d'une donnée inutile dans une chaîne de fabrication, une précision superflue fournie par le gardiennage quant à l'identité d'un visiteur sont autant d'informations non pertinentes.

L'information pertinente, c'est la chasse aux doublons, c'est la condamnation de ces pratiques qui consistent à se faire communiquer deux fois la même chose par des canaux différents pour être certain d'être bien informé. Ces pratiques sont budgétivores et génératrices de risques supplémentaires. Certes Napoléon sur le champ de bataille confiait toujours ses ordres de mission à deux cavaliers pour le cas où l'un n'arriverait pas jusqu'au bout… mais nous ne sommes pas sur un champ de bataille !

1.4. Une information disponible

L'information doit être disponible, notion qui recouvre deux exigences.

Elle doit être à disposition de celui qui l'utilise en temps opportun. Nous connaissons tous le cas des informations qui arrivent trop tard ou trop tôt. Et la circonstance aggravante est que l'information tardive est souvent due à l'excès d'information. On attend un complément inutile et superflu et du même coup on prive d'information.

Mais disponible signifie également lisible, compréhensible. Les excès de technicité, les mots ambigus pour faire savant, les jargons incompréhensibles sont autant de lacunes qui rendent l'information indisponible.

Quant à l'intégrité, c'est la qualité qui consiste à être conforme à ce que l'on est réellement. En matière d'information, on écarte par là l'information fausse ou simplement tronquée ou masquée ; parler d'intégrité c'est faire appel à la morale.

Un bon contrôle interne évite ces faiblesses génératrices de risques ; mais il ne se limite pas à cela.

2. L'EFFICACITÉ ET L'EFFICIENCE DES OPÉRATIONS

C'est la seconde condition pour un bon contrôle interne. Il faut entendre par « opérations » tous les actes de l'entreprise dans toutes ses fonctions : opérations de fabrication, opérations comptables ou financières, opérations de recrutement ou de gestion du personnel, opérations publicitaires ou de communication, etc.

L'efficacité consiste à tout faire pour atteindre les objectifs – cette condition suppose bien évidemment qu'il y ait des objectifs –, dispositif indispensable ainsi que nous le verrons dans la troisième partie.

Pour faire bonne mesure, il faut ajouter l'efficience. L'efficacité ne prend pas en compte les moyens utilisés pour atteindre le but que l'on s'est fixé.

L'efficience ajoute cette dimension : atteindre ses objectifs. Certes, mais pas n'importe comment. Encore faut-il qu'il y ait un rendement de qualité. C'est cette dimension sur la qualité du rendement à laquelle chacun doit veiller dans son organisation et ses méthodes de travail qui est ici visée si l'on veut que le contrôle interne atteigne un seuil de qualité satisfaisant.

En quoi des dispositifs de contrôle interne pourraient-ils nuire à l'efficacité des opérations ? Dans la plupart des cas, la réponse à cette question est dans l'excès de contrôle interne. Une procédure pointilleuse à l'extrême, une supervision constante et obsédante, un système d'information dont les données se multiplient à l'infini… Dans tous ces cas, l'opérateur sera bridé, limité, paralysé par les obstacles rencontrés sur son chemin.

Mais il ne faudrait pas davantage élaborer un contrôle interne qui laisserait passer les risques indésirables. Et si parmi ceux-ci il en est aux conséquences dramatiques, il faut alors dans ce cas admettre la procédure pointilleuse et la supervision constante. Là encore, c'est le juste milieu qu'il faut viser et on ne l'atteint souvent que par des tâtonnements successifs.

C'est dire que derrière l'efficacité il y a la présence du management qui ne peut rester dans sa « tour d'ivoire », ne peut se focaliser de façon excessive sur le court terme et doit savoir anticiper.

3. LA PROTECTION DU PATRIMOINE

Les énoncés antérieurs de cette disposition parlaient de « sécurité des actifs », ce qui avait l'inconvénient de faire croire qu'il fallait se limiter aux différents postes du bilan. On vise évidemment une précaution beaucoup plus large, même si cette dernière formulation semble encore se limiter aux biens patrimoniaux. Or, la définition même du mot patrimoine est « l'ensemble des biens d'une personne à un moment donné » et cette définition est à prendre dans son sens le plus large. Il est bien clair qu'un bon contrôle interne quel qu'il soit, où qu'il soit, doit prendre en compte tout ce qui constitue la richesse de l'entreprise, richesse potentielle ou réelle. Sont donc concernés non seulement les biens patrimoniaux de toutes sortes, mais également les biens immatériels : les brevets, le savoir-faire, la réputation. Ce dernier point est particulièrement important car c'est un risque qui vient souvent en addition d'un autre risque qu'il contribue à aggraver. Ainsi un désordre à l'environnement, générateur de coûts de réparation, engendrera-t-il en sus une mauvaise réputation aux conséquences importantes. Il y a donc là un effet multiplicateur.

Les dispositifs de contrôle interne qui contribuent à protéger le patrimoine sont nombreux et variés. Il y a :

- les protections contre les disparitions : inventaires et procédures d'inventaires, dispositifs de sécurité pour empêcher le vol des biens, procédures et moyens de gardiennage… ;
- les protections contre les accidents destructifs : systèmes de *sprinklers* contre l'incendie, barrages contre les inondations, procédures de sécurité contre les intrusions, y compris celles dans les systèmes informatiques ;
- les protections contre les dévalorisations d'actifs : règles de stockage pour éviter les excès de biens qui seraient alors promis à la réforme, règles de gestion des titres et compétences des gestionnaires ;
- les protections physiques des personnes avec toutes les règles de sécurité régissant le travail en situation de danger et les règles de bonne gestion des ressources humaines pour fidéliser les compétences.

Car il faut inclure dans le patrimoine la clientèle et, bien entendu, le personnel. Les hommes ne sont-ils pas le bien le plus précieux de l'entreprise, surtout lorsqu'ils sont qualifiés ?

Illustration

Avant 1950, un industriel coréen fort connu avait implanté (pour des raisons de prix de revient) toutes ses usines en Corée du Nord. C'était avant la guerre de Corée, à une époque où le pays était encore unifié.

Puis est arrivée la guerre qui a séparé le pays en deux entités avec une barrière infranchissable. Et donc, du jour au lendemain, notre entrepreneur avait perdu tous ses actifs industriels.

Dix ans après, on l'a vu revenir à l'occasion d'une conférence à Londres, à nouveau industriel florissant. On lui a alors posé la question : « Il y a 10 ans, vous avez tout perdu et vous voilà revenu à bonne fortune, expliquez-nous ce miracle, comment avez-vous fait pour ainsi rebondir ? »

Et il a fait cette réponse : « Oui, c'est vrai, à l'époque nous avons fait une énorme erreur stratégique, nous n'avions pas su prévoir ce qui est arrivé et nous avons perdu tout notre outil industriel. Mais nous avons eu beaucoup de chance : nous avons pu récupérer tout notre personnel. »

Les hommes : richesse essentielle que le contrôle interne doit aider à sauvegarder.

4. LE RESPECT DES LOIS, RÈGLEMENTS ET CONTRATS

Cette quatrième condition doit éviter des dérives parfois rencontrées. Le contrôle interne n'est pas, ne doit pas être un moyen pour essayer de détourner la loi et d'éviter d'avoir à appliquer des dispositions jugées gênantes, compliquées ou coûteuses. Ce ne doit pas être un procédé pour jouer au plus malin avec le fisc ou toute autre réglementation, et pas davantage un système pour tromper fournisseurs et clients. Un bon dispositif de contrôle interne est aussi un dispositif qui respecte la règle, externe ou interne.

Il y a à cela une justification très forte : le contrôle interne doit nous mettre à l'abri des risques. Or, ce qui est en question ici, ce sont à la fois les risques pénaux, juridiques, commerciaux et de réputation, et par voie de conséquence, des risques financiers. Mais il y a également les accidents graves pouvant résulter du non-respect d'une consigne ou d'un règlement. Qui ne se souvient de l'accident du 27 mars 1977 ? Deux 747 de la KLM sont entrés en collision parce que le pilote – au mépris du règlement – avait décollé sans l'autorisation de la tour de contrôle. Respecter la règle est donc primordial pour se mettre à l'abri des risques. Mais il faut bien reconnaître que dans un pays où il y a 2013 lois, 600 ordonnances et 26 198 décrets, appliquer la loi que nul n'est censé ignorer n'est pas une mince affaire. Se doter de moyens pour y parvenir est donc une nécessité première.

C'est pourquoi tout système de contrôle interne doit fondamentalement respecter les règles privées ou publiques, et se conformer à l'éthique des affaires.

Cela implique que chaque acteur du contrôle interne, à son niveau de responsabilité, doit se préoccuper d'avoir à connaître les règles qu'il doit respecter dans son travail. Une démarche de mise en place d'un contrôle interne rationnel commence toujours par un inventaire des règles à respecter, ainsi que nous le verrons ultérieurement. Dès l'instant qu'il est matérialisé dans un document, cet inventaire devient un dispositif contraignant qui réduit les risques d'oubli. Mais au-delà de la connaissance du présent, le responsable se doit d'organiser un système de veille pour n'être pas surpris par un changement législatif ou réglementaire.

Dans le cadre ainsi fixé, le contrôle interne va pouvoir se construire avec les spécificités qui lui sont propres.

Ce qu'il faut retenir

Il y a dans le concept de contrôle interne des « Tables de la loi » qui s'imposent à tous et ne peuvent être contournées. Ce sont les conditions indispensables qui doivent être remplies pour disposer d'un contrôle interne efficace et cohérent.

Tous les acteurs du contrôle interne doivent les avoir présentes à l'esprit à chaque fois qu'ils interviennent. Elles sont au nombre de quatre :

– fiabilité et intégrité des informations financières et opérationnelles. Toutes les informations sont donc concernées. Rien de valable ne peut être construit si l'on s'appuie sur des informations de qualité aléatoire ;

– efficacité et efficience des opérations : toutes les opérations doivent être conçues et réalisées dans l'optique exclusive de la réalisation des objectifs ; et autant que faire se peut avec des moyens adéquats ;

– respect des lois, règlements et contrats : les dispositifs de contrôle interne ne doivent pas être conçus pour contourner la règle mais au contraire pour aider à la respecter ;

– protection du patrimoine : en parallèle, on doit constamment veiller à la protection des actifs de l'organisation et s'organiser en consé-quence. Il faut entendre par « actifs » tous les biens matériels et immatériels, la protection des personnes, la sauvegarde de la réputa-tion...

Chapitre 3

Acteurs et moyens du contrôle interne

1. LES ACTEURS

À des titres divers, tous les membres de l'organisation sont concernés, mais plus particulièrement :

1.1. Le conseil d'administration

Il apprécie les caractéristiques essentielles du contrôle interne à partir des comptes rendus de la direction générale. Et cela est en conformité avec la mission même du conseil qui doit, entre autres choses, « veiller au caractère approprié des risques pris par l'entreprise sur la base d'une évaluation exhaustive et effective des différents risques »[1]. C'est dire que le rôle du conseil est particulièrement important lorsque la direction générale prend des risques inconsidérés.

Au sein du conseil, la loi (ainsi que nous le verrons dans la partie 2) assigne un rôle particulier au président qui est responsable, pour les sociétés cotées, de l'élaboration d'un rapport sur les procédures de contrôle interne. On a pu dire que l'un et l'autre sont les « sponsors » du contrôle interne.

1.2. Le comité d'audit

Émanation du conseil, il doit, lorsqu'il existe, assurer une surveillance attentive et régulière du dispositif de contrôle interne. La fréquence des réunions,

---

1. IFA, « Rôle du Conseil dans la mise en œuvre des opérations stratégiques », octobre 2011.

l'indépendance du comité, l'accès aux informations pertinentes, les compétences diversifiées des membres du comité sont autant d'atouts pour aider au bon fonctionnement du contrôle interne.

La surveillance exercée par le comité se traduit par l'obligation qui est faite aux différents responsables de lui rendre compte régulièrement. D'ailleurs, ainsi que nous le verrons, la législation récente a accentué son rôle en ce domaine : depuis juin 2008, les sociétés cotées doivent être pourvues d'un comité d'audit, lequel « contribue à minimiser les risques financiers, opérationnels ou de non-conformité ». Cet objectif sera d'autant plus facilement atteint que le profil des membres du comité sera adéquat. Un rapport de l'AMF sur le sujet[1] définit très exactement les missions du comité et leur mise en œuvre, sa composition, la compétence de ses membres et leur indépendance. On insiste fort justement sur la compétence en matière de gestion de risques et de contrôle interne couplée avec une bonne connaissance de l'activité de la société.

On trouve parfois en parallèle un comité des risques et un comité de contrôle interne, le premier appréciant le rôle du *risk manager* et le second la politique de contrôle interne mise en œuvre par la direction et les responsables opérationnels. Leurs conclusions et observations sont normalement rapportées au comité d'audit. Mais ce sont des instances relevant de l'organisation des entreprises, sans véritable fondement légal.

1.3. La direction générale

C'est elle qui est chargée de définir, d'impulser et de surveiller. C'est aussi elle qui donne le ton en ce qui concerne l'éthique et l'exemplarité du management, notions importantes comme nous le verrons en parlant de l'environnement de contrôle.

Son rôle est donc essentiel, singulièrement au démarrage d'un projet de mise en place du contrôle interne : il lui appartient alors de susciter l'adhésion et de prévoir les ressources nécessaires. Encore faut-il également que son mode de décision ne soit pas « autocratique » ; la direction doit pratiquer la collégialité et la délégation, mais une délégation organisée comme nous le verrons plus loin. Pour assumer ses responsabilités, elle doit se tenir régulièrement informée des dysfonctionnements, insuffisances ou difficultés d'application.

---

1. AMF, Rapport sur le comité d'audit, juin 2010.

Au titre des difficultés, il ne faut pas omettre celles pouvant résulter d'un excès de contrôle interne (voir « La finalité du contrôle interne »). Cela implique la mise en place d'un système d'information ascendant et descendant permettant :

- de faire remonter à la direction générale les données sélectionnées relatives aux risques majeurs oubliés ou mal couverts et qui pourraient nuire à la réalisation des objectifs ;
- de faire parvenir aux responsables les messages de la direction générale. Pour cela, tous les moyens susceptibles d'être utilisés doivent l'être : notes, journaux internes, intranet, réunions…

Dans les deux cas, il convient d'être vigilant en évitant les deux écueils que sont l'insuffisance d'informations et l'excès d'informations.

L'audit interne joue ici un rôle essentiel.

1.4. L'audit interne

C'est lui qui évalue pour chaque responsable, et globalement au niveau de l'entreprise, le fonctionnement du contrôle interne. Il le fait en réalisant des missions selon une périodicité qui est fonction du risque. Il est très important que ces missions soient effectivement échelonnées en fonction du risque, ce qui exclut la priorité donnée aux sollicitations du management trop souvent guidé par des problèmes immédiats et qui ne sont pas toujours les plus importants. À la suite de ses missions, l'audit interne exprime des recommandations aux responsables afin d'améliorer le contrôle interne. Les recommandations de l'audit interne ne sont donc jamais des vœux pieux ou des considérations abstraites mais toujours des propositions concrètes portant sur des dispositifs à créer, à améliorer ou à… supprimer.

De plus, l'audit interne, spécialiste du contrôle interne, contribue à sensibiliser et à former l'encadrement sur ces questions. Il lui arrive d'ailleurs souvent, dans le cadre de ses missions de conseil, de participer activement à l'élaboration du système de contrôle interne. Mais il n'est en aucun cas responsable de la mise en place et du fonctionnement du dispositif.

1.5. Le personnel

Il est l'acteur essentiel de la pièce puisque chacun, dans son poste de travail, est responsable de la maîtrise de ses activités au regard des objectifs qui lui sont fixés. D'ailleurs, non seulement la définition du COSO mais également les différents référentiels (voir partie 2) insistent tous plus ou moins sur l'importance de la motivation du personnel dans la mise en place et le bon fonctionnement d'un système de contrôle interne.

Mais parmi le personnel, ce sont **les responsables opérationnels** qui jouent le rôle essentiel : ce sont eux qui motivent, organisent et contrôlent les activités dont ils ont la charge. Pour ce faire, ils participent à l'identification et à l'évaluation des risques relatifs aux tâches qu'ils assument. À partir de là, ils proposent et/ou mettent en œuvre les dispositifs de contrôle interne adéquats. Ils doivent impérativement s'approprier le contrôle interne et l'intégrer à leurs objectifs opérationnels. La déresponsabilisation des opérationnels est un risque d'échec de l'entreprise pour la mise en place d'un bon contrôle interne, il ne doit pas être négligé. Ces responsables opérationnels se trouvent à tous les niveaux : ce sont aussi bien les responsables des grandes directions que le contremaître ou l'agent de maîtrise en charge d'un secteur ou d'une équipe. Et au regard du contrôle interne, et donc des risques, l'importance n'est absolument pas fonction du niveau hiérarchique : le chef d'équipe dans une chaîne de fabrication peut éviter une catastrophe s'il a reçu la formation appropriée. L'entreprise qui se contenterait de former et sensibiliser les échelons supérieurs de la hiérarchie prendrait des risques inconsidérés.

De même, ce sont tous les responsables, et chacun à son niveau, qui vont mettre en œuvre (ou refuser avec motivation) les recommandations de l'audit interne.

1.6. Les contrôleurs internes

Apparus depuis peu dans le paysage (si l'on excepte le cas particulier des organismes bancaires), ils ont un rôle encore susceptible de varier selon les organisations et la place qui leur est faite.

En bonne logique, leur place est auprès des responsables opérationnels de haut niveau et leur rôle devrait porter sur cinq points :

- être auprès de ces responsables le spécialiste qui conseille, alerte, assiste, mais en veillant attentivement à ne pas les déresponsabiliser ;
- veiller à la cohérence de l'ensemble des dispositifs mis en place ;
- contribuer activement à la mise en place des recommandations de l'audit interne ;
- procéder à l'évaluation périodique du système en place et en déduire les actions à entreprendre ;
- participer à la formation et à la sensibilisation du personnel.

1.7. Le *risk manager*

La définition de la politique de risque et l'identification des risques agissent directement sur le contrôle interne et les choix qui sont faits dans ce domaine.

L'AMRAE[1] identifie six rôles pour le *risk manager*[2] :

- définir le système de gestion des risques et garantir le bien-fondé de la méthodologie ;
- animer la diffusion de la culture du risque via ses correspondants ;
- promouvoir les compétences en management des risques ;
- contribuer à la définition de l'appétence pour le risque et définir une politique de risque ;
- assister les propriétaires de risque dans leur action en cas de risques inacceptables ;
- rendre compte à la direction générale et au comité d'audit sur le traitement des risques majeurs et l'évolution du système de gestion des risques.

On peut ajouter que, dans le cadre de ces missions, il est chargé d'élaborer la cartographie des risques et, ce faisant, de définir une approche des scénarios de risques.

1.8. Les organismes de contrôle

On les trouve dans les professions réglementées (banques, assurances) et surtout dans les administrations (Cour des comptes, chambres régionales des comptes, inspection des finances…).

Avec les nouvelles législations (voir partie 2, chapitre 4) tous ces organismes se réfèrent de plus en plus au contrôle interne.

1.9. Les organismes professionnels

Ils jouent un rôle essentiel dans la sensibilisation et la formation des acteurs : IIA (The Institute of Internal Auditors) ; IFACI (Institut français de l'audit et du contrôle internes) ; AMRAE (Association pour le management des risques et des assurances de l'entreprise) ; DFCG (Association nationale des directeurs financiers et contrôleurs de gestion) ; AFAI (Association

---

1. Association pour le management des risques et des assurances de l'entreprise.
2. IFACI, *Audit et contrôle*, juin 2011.

française des auditeurs informaticiens) ; CIGREF (Club informatique des grandes entreprises françaises) ; UFAI (Union francophone de l'audit interne)…

Et il faut ajouter les cabinets d'audit, la profession comptable et les commissaires aux comptes qui ont à des titres divers à se préoccuper de ce sujet. Tous doivent œuvrer pour des concepts unifiés et une terminologie commune. Le mouvement est en cours, il est loin d'être achevé.

En sus de ces acteurs habituels, on peut trouver des acteurs extérieurs qui, occasionnellement, contribuent au contrôle interne. Ce peut être des prestataires de services, des conseils extérieurs, des clients ou fournisseurs, des banquiers…

Le lien entre ces différents acteurs est, par nature et obligation, extrêmement étroit. Et s'il ne l'était pas, ce serait l'indice d'un environnement de contrôle défaillant. Il s'ensuit une nécessité absolue d'échange d'informations et de coordination des travaux. L'ensemble contribue à la qualité de l'urbanisme du contrôle interne et à sa valeur ajoutée.

2. URBANISME ET VALEUR AJOUTÉE DU CONTRÔLE INTERNE

Le contrôle interne constitue une véritable trame, une architecture qui imprègne toute l'organisation. C'est grâce à cette imprégnation qu'il apporte une réelle valeur ajoutée.

2.1. L'urbanisme du contrôle interne

Il se définit comme l'organisation et la coordination des acteurs du contrôle interne. L'expression, apparue depuis peu, a très vite été adoptée tellement elle est apparue appropriée à la situation. Le contrôle interne est comme une ville irriguée par ses rues, ses boulevards, ses places mais aussi ses ruelles et ses impasses, dans lesquels circulent les piétons et les voitures, les camions et les autobus.

L'interaction des différents acteurs, la communauté de langage, la coordination et la complémentarité de leurs rôles constituent la trame de l'urbanisme du contrôle interne. C'est au total une véritable architecture qui imprègne toute l'organisation et lui permet de maîtriser ses risques à tous les niveaux de responsabilité.

L'incitation à l'appropriation et la communication sur le système de contrôle interne sont les éléments fondamentaux de cette urbanisation : plus rien ne marche si l'on ne connaît pas le plan de la ville. Et le « plan de la ville », ce sont les quatre niveaux de contrôle auxquels se réfère le contrôle interne :

- le contrôle opérationnel des responsables assistés par les contrôleurs internes ;
- la supervision hiérarchique ;
- l'intervention fonctionnelle d'experts spécialisés : contrôleurs de gestion, spécialistes qualité, managers de risques… ;
- la détection et l'analyse des dysfonctionnements par l'audit interne.

Le groupe professionnel Banque de l'IFACI a publié sur ce sujet un excellent document listant sept prises de position pour un urbanisme du contrôle interne efficient et qui synthétise assez bien des observations diverses sur le sujet[1] :

1. Le contrôle interne est l'affaire de tous.
2. Il faut clarifier le rôle des organes de gouvernement d'entreprise à l'égard des acteurs du gouvernement d'entreprise.
3. Il faut renforcer le rôle du comité d'audit.
4. Il faut concilier indépendance et insertion opérationnelle des acteurs du contrôle interne.
5. Il faut coordonner l'action des acteurs du contrôle interne.
6. Il faut disposer d'un langage commun et partager les résultats des travaux.
7. Il faut adapter en permanence les moyens du contrôle interne à sa mission.

Les préconisations pour aller dans ces directions sont développées dans les parties 3 et 4 de cet ouvrage.

2.2. La valeur ajoutée du contrôle interne

Depuis la huitième directive européenne et la loi sur la sécurité financière, la valeur ajoutée du contrôle interne est une question d'actualité, même si elle était déjà implicitement évoquée dans des textes antérieurs.

Si tout le monde s'accorde sur le sens général qu'il convient de donner au concept de valeur ajoutée – une amélioration par rapport à un état antérieur –, les divergences apparaissent dès qu'il s'agit de préciser la pensée. Le concept est difficile à cerner parce que le contrôle interne est dédié à

---

1. IFACI, Pour un urbanisme du contrôle interne, *op. cit.*

l'évitement des risques dont l'impact ne peut qu'être estimé. Certains identi-
fient la valeur ajoutée à l'accroissement de la valeur patrimoniale, d'autres
encore à une simple amélioration du ratio coût/bénéfice, ce qui revient à
s'interroger sur l'efficience du contrôle interne en rapprochant les produits
des coûts générés par le déploiement du dispositif.

Concernant notre sujet, la valeur ajoutée s'exprime de deux façons totalement complémentaires :

- au niveau opérationnel, et pour chaque acteur, le contrôle interne ne
  crée pas de valeur, il évite d'en perdre. La mise en place et l'utilisation
  de dispositifs adéquats vont éviter des accidents, des ruptures de stocks,
  des erreurs opératoires, des retards de livraison et de fabrication, des
  pertes de clientèle, des pénalités de toutes sortes, des mécontentements
  vite traduits en pertes de productivité, etc. On évite donc toujours, ou
  presque, de perdre quelque chose qui en cas de réalisation aurait pesé
  plus ou moins lourdement dans les comptes de l'organisation. Mais le
  résultat est d'une autre nature au niveau global ;

- au niveau de l'entreprise, un bon contrôle interne met fin à l'incertitude
  qui est partout, il contribue au déploiement efficace des ressources
  humaines, financières, techniques, il participe à l'amélioration de la
  qualité de l'environnement de contrôle (voir partie 2, chapitre 1). Ainsi
  que l'écrit l'IFACI, le contrôle interne va permettre de développer « la
  valeur d'usage managériale » de l'entreprise[1]. Au total, celle-ci s'en
  trouve dynamisée, les conflits s'apaisent, les dysfonctionnements s'atté-
  nuent et la productivité et la qualité s'améliorent. Il s'ensuit grâce à la
  capillarité de l'urbanisation un véritable enrichissement qui va se traduire par une plus grande valeur patrimoniale, un chiffre d'affaires
  élargi, une qualité de prestations améliorée, une meilleure ambiance de
  travail, une prise en compte plus efficace des opportunités et, au total,
  une amélioration de la gouvernance dans toutes ses dimensions.

3. LES MOYENS

On les confond trop souvent avec les dispositifs de contrôle interne :

- le dispositif est installé en permanence pour faire échec à des possibilités
  de risques en relation avec l'activité ;

- le moyen est utilisé ou consulté en fonction des besoins pour apprécier
  si les dispositifs jouent bien leur rôle ou pour les aider à bien le jouer.

---

1. IFACI, *La création de valeur par le contrôle interne, op. cit.*

3.1. Les chartes d'éthique

Elles décrivent les valeurs de comportement et de professionnalisme auxquelles se réfère l'entreprise. Elles servent de référence à toutes les directions opérationnelles et fonctionnelles de l'organisation et donc à tous ceux qui élaborent et maintiennent le contrôle interne.

Étant donné le rôle important joué par l'éthique dans la qualité de l'environnement de contrôle (voir partie 2, « Le COSO 1 »), il est évident que l'existence d'une charte fixant les règles de bonne conduite est recommandée. Et ce à la condition qu'elle soit connue de tous et que chacun ait l'intime conviction qu'il doit la respecter. Créer cette intime conviction est à coup sûr le plus difficile à réaliser et l'on n'est jamais certain du résultat.

C'est dire que la façon dont ces chartes sont rédigées, commentées, distribuées et appliquées compte encore plus que leur simple existence.

3.2. Les chartes de contrôle interne

Encore peu utilisées, sauf dans le domaine bancaire où elles révèlent le souci de conformité, elles :

- favorisent l'intégration dans la culture de l'organisation en permettant de communiquer sur le sujet ;
- définissent la terminologie et les frontières, évitant ainsi contresens et confusions ;
- précisent le rôle de chacun dans le domaine, en particulier : managers, contrôleurs internes, *risk managers*, auditeurs internes, comité d'audit ;
- précisent la granularité du contrôle interne, c'est-à-dire le niveau de détail auquel on souhaite se situer, étant entendu qu'il peut varier selon les fonctions et les niveaux hiérarchiques ;
- explicitent la relation objectifs/cartographie des risques/dispositifs de contrôle interne et rappellent les principaux dispositifs à prendre en considération ;
- informent sur les procédures d'évaluation.

Elles peuvent, au sein d'une même entreprise, se subdiviser en un certain nombre de chartes annexes selon les fonctions, à la condition expresse qu'il y ait une charte centrale à laquelle tous se réfèrent.

Elles sont en général approuvées par le Comité d'audit, lequel possède parfois sa propre charte et sont en tout état de cause un remarquable outil de communication.

3.3. Les documents internes

Ils sont par nature imparfaits, trop souvent fonction des événements et pas toujours portés à la connaissance du plus grand nombre de façon rationnelle.

Manuels, documentation sont autant de moyens dans lesquels on peut puiser informations, directives, etc.

3.4. Les questionnaires de contrôle interne

Ils sont de formes multiples et correspondent à des critères de classement variés.

Notons qu'il ne s'agit pas de questions que l'on poserait à quelqu'un qui aurait la réponse, mais des questions que l'on se pose (manager, contrôleur interne…) et dont on va ensuite chercher la/les réponse(s). Cela exclut les listes de questions avec « oui », « non » qui ne laissent aucune place à l'imagination et donc sont remplies d'oublis et d'omissions allant au plus pressé.

Le référentiel de l'AMF (voir partie 2) donne des exemples de questionnaires. Le but d'un questionnaire de contrôle interne est de permettre, en explorant toutes les dimensions d'une activité, d'un processus, d'une fonction, d'en déceler les insuffisances (ou d'en constater la bonne maîtrise) et, à partir de là, d'aider à l'identification du/des dispositif(s) de contrôle interne adéquat(s).

Nous verrons ultérieurement que l'approche pour évaluer la qualité du contrôle interne est similaire et que ce même document est utilisé à cette fin (voir partie 4).

Parmi les différentes méthodes utilisées, une des plus courantes est le questionnement « Qui ? Quoi ? Où ? Quand ? Comment ? ». En se posant ces cinq types de questions, on fait une observation complète de l'activité et l'on est en mesure de définir risques spécifiques et risques résiduels et donc de s'interroger sur les dispositifs de contrôle interne à mettre en place ou à améliorer.

On confond trop souvent les questionnaires de contrôle interne avec la check list, simple moyen mnémotechnique mais qui risque toujours d'être incomplète et ne stimule pas l'imagination. De plus, ne mettant pas l'accent sur les activités, et donc sur les risques, il n'est pas le mieux adapté pour une démarche de mise en place ou d'amélioration du contrôle interne.

Dans l'analyse du processus de recrutement, on identifiera les risques et dispositifs de contrôle interne nécessaires par le questionnement suivant :

1. Les questions « QUI »
   – Qui peut faire ?
   – Qui fait ?
   – Avec quels pouvoirs ?
   – Dérogations ?
2. Les questions « QUOI »
   – Que fait-on ?
   – Est-ce utile ? Complet ? Exact ?
   – A-t-on les moyens ?
   – Peut-on faire plus simple ?
3. Les questions « OÙ »
   – À quel endroit ?
   – Centralisation ? Décentralisation ?
   – Transports et transferts avant/après ?
4. Les questions « QUAND »
   – À quel moment ?
   – Fréquence ?
   – Délais et retards ?
   – Doublons ?
5. Les questions « COMMENT »
   – Comment fait-on ? Procédures ?
   – Conformité/Inspection ?
   – Preuve ?
   – Urgences/absences ?
   – Apprentissages ?

Bien évidemment, ces questions sont illustratives et non limitatives. Nous verrons d'ailleurs que l'on peut les démultiplier en fonction de la granularité choisie pour le contrôle interne. C'est ainsi que l'on peut procéder à un approfondissement transverse pour chaque réponse obtenue, et portant sur les points suivants :

- exhaustivité : toutes les opérations sont bien inventoriées ;
- exactitude : toutes les erreurs ont été répertoriées ;
- respect des délais : les temps impartis sont bien respectés ;
- preuve : on possède les éléments justificatifs ;
- autorisation : les habilitations sont conformes.

Il existe d'autres types de questionnements comme le diagramme d'Ishikawa (ou diagramme des cinq M), bien connu et qui aide à regrouper les questions par nature d'opérations : matière, milieu, main-d'œuvre, méthode, matériel. Mais il est moins adapté pour organiser le contrôle interne car laissant trop de place à l'imagination et donc à l'omission.

3.5. La grille d'analyse des tâches

C'est un outil essentiel pour mesurer s'il n'y a pas dérogation au principe de séparation des tâches et s'assurer du même coup que tous les dispositifs relevant de l'organisation fonctionnent (voir partie 3) et sont adaptés. Comme son nom l'indique, la grille d'analyse des tâches se présente sous la forme d'une grille qui indique en ordonnée et dans un ordre séquentiel les différentes tâches à accomplir avec l'indication de leur nature (décision, enregistrement comptable, financière, exécution) et en abscisse le nom de celui ou celle qui réalise la tâche. La grille se remplit par simple questionnement ou observation. À la simple lecture de la colonne relative à un nom, on voit si l'intéressé n'exerce pas des tâches incompatibles.

Ainsi, la grille ci-dessous permet de s'assurer qu'il y a bien une bonne séparation des tâches dans le processus de paiement des factures fournisseurs.

Illustration

Une grille d'analyse de tâche

Tâches	Nature	Resp. courrier X	Resp. achats Y	Comptable A	Gestionaire B	Fondé de pouvoir C	Non réalisé
1. Réception	Ex	X					
2. Transcription	Ex						X
3. Rapprochement Fact/BC	C		X				
4. Rapprochement Fact/BR	C		X				
5. Vérification facture	C		X				
6. Comptabilisation	EN			X			
7. Ordonnancement	A				X		
8. Établissement du chèque	FN			X			
9. Signature du chèque	A					X	
10. Envoi du chèque	Ex			X			

La grille révèle trois faiblesses, c'est-à-dire autant de risques susceptibles de se manifester, donc un contrôle interne à renforcer sur ces trois points :

- confusion entre la fonction comptable et la fonction financière : la comptabilité établit le chèque, ce qui est une anomalie ;
- une tâche essentielle est omise : transcription des factures reçues ;
- confusion entre fonction d'exécution et fonction contrôle : le responsable achats contrôle ses propres acquisitions.

3.6. Les formations

Toute opération de lancement, d'aménagement ou de refonte du contrôle interne doit être précédée, nous le verrons, par des actions de formation en sus de celles dispensées en continu par les auditeurs internes à l'occasion de leurs missions (voir partie 4). La formation contribue à l'efficience des ressources, chaque acteur devant être, dans son domaine d'intervention, un faciliteur de l'implantation et de la pérennité du contrôle interne.

Les organismes de formation spécialisés, y compris les études universitaires spécifiques à notre sujet sont autant de moyens à utiliser pour parvenir au résultat.

La formation peut également être dispensée via le recyclage : les stages dans les services opérationnels ou à l'audit interne sont toujours riches d'enseignement pour les futurs responsables.

La formation débouche sur la compétence du personnel.

Disposer d'un personnel compétent c'est l'assurance que le message sera entendu, compris et mis en œuvre. Cette compétence nécessaire concerne tous les échelons de la hiérarchie : depuis les administrateurs qui doivent avoir les compétences et l'expérience nécessaires pour apprécier les risques majeurs de l'entreprise jusqu'au contremaître qui connaît bien son poste de travail et est en mesure d'évaluer l'intérêt des dispositifs envisagés pour lui permettre de mieux maîtriser son activité.

3.7. Les méthodes d'appréciation

Toutes les méthodes d'appréciation du contrôle interne que nous analyserons dans la dernière partie de cet ouvrage sont autant de moyens au service du contrôle interne. Et les travaux de l'audit interne sont à inclure dans cette liste.

3.8. Les outils informatiques

Ils sont évidemment très présents et sont souvent des outils spécifiques, dimensionnés en fonction de l'organisation. Mais sauf exception, ce ne sont pas des outils complexes car les besoins sont relativement simples : ce sont majoritairement des outils d'auto-évaluation du contrôle interne ou destinés à construire une cartographie. Très souvent, Excel suffit pour traiter le problème.

Ce qu'il faut retenir

Nombreux sont, à des titres divers, les acteurs du contrôle interne. Ils ont à leur disposition des moyens les aidant à piloter au mieux les dispositifs dont ils ont la charge.

Chacun des acteurs a un rôle qui lui est propre :
- le conseil d'administration apprécie risques évalués et dispositifs envisagés ;
- le comité d'audit assure une surveillance du système mis en place ;
- la direction générale dont tout procède donne l'exemple, impulse, coordonne et surveille ;
- l'audit interne évalue le fonctionnement pour en déceler les lacunes ;
- le personnel et singulièrement les managers s'approprient le contrôle interne dans leur poste de travail et le font vivre ;
- les contrôleurs internes assistent les responsables opérationnels pour veiller à la cohérence et évaluer périodiquement pour mettre à jour ;
- le *risk manager* définit la politique de risques, en établit la cartographie et la tient à jour en alertant en tant que de besoin sur les risques nouveaux ;
- les organismes de contrôle veillent au respect de la réglementation ;
- les organismes professionnels contribuent à la sensibilisation et à la formation.

Les interactions de tous contribuent à former dans l'entreprise un véritable tissu relationnel qui est la trame de ce que l'on nomme l'urbanisme du contrôle interne.

Il en résulte une valeur ajoutée pour l'entreprise par l'action de chacun qui, à son propre niveau, contribue à éviter des risques et donc à éviter de perdre de la valeur. Ce faisant, il contribue globalement à créer de la valeur ajoutée.

Pour parvenir à ce résultat, les moyens les plus divers sont utilisés : chartes d'éthique et de contrôle interne, documents internes, questionnaires de contrôle interne, grilles d'analyse des tâches, formations et méthodes d'appréciation.

Partie 2

Référentiels et réglementations

On ne peut se lancer dans l'organisation d'un contrôle interne sans se référer à un modèle comportant une définition : il faut savoir ce dont on parle et ce que l'on a l'intention de faire.

Le référentiel permet, et c'est indispensable, de savoir où l'on veut aller, c'est-à-dire de recenser les objectifs de la démarche et donc les points de contrôle qui peuvent être prescrits et qui vont exiger la mise en place de dispositifs appropriés.

Plusieurs référentiels se sont imposés qui reprennent en général les mêmes notions et restent suffisamment généraux pour que chacun réalise la nécessaire adaptation à sa culture, comme précédemment expliqué. L'important est que l'ensemble de l'organisation se réfère à un même corpus de règles et de principes.

Aux référentiels existants se sont superposées pour certaines professions (singulièrement dans le secteur public) des réglementations qui s'imposent et doivent être prises en compte. Mais elles restent le plus souvent générales et limitées à l'énoncé de quelques principes.

L'ensemble constitue un cocktail d'apparence un peu hétéroclite et qui ne facilite pas la compréhension. Mais ce n'est qu'une apparence : ce sont toujours à peu près les mêmes notions que l'on mouline et auxquelles tous vont se référer.

Le premier des référentiels duquel tous les autres procèdent est le COSO 1. Il a été fort heureusement complété par le COSO 2 qui a élargi la réflexion à la gestion du risque. D'autres référentiels ont apporté des compléments ou réalisé des synthèses : CoCo, AMF... Et les contraintes réglementaires ont çà et là apporté une touche originale, parfois superflue mais souvent utile pour une prise de conscience.

Chapitre 1

Le COSO 1

C'est un référentiel de gestion globale du contrôle interne. Il a le mérite d'avoir été le premier et d'avoir, d'entrée de jeu, dit l'essentiel. C'est pourquoi implicitement ou explicitement tous s'y réfèrent. Il définit les composantes du contrôle interne, c'est-à-dire les domaines dont il convient de se préoccuper quand on envisage la mise en ordre ou la maintenance du contrôle interne dans une organisation. C'est à partir de ces composantes que s'apprécie l'efficacité du contrôle interne : on vérifie que chacun des éléments est en place et fonctionne efficacement. Nous parlons ici d'appréciation, c'est-à-dire d'évaluation qualitative, et non pas de la mesure, laquelle implique un chiffrage et se réalise à l'aide de techniques plus complexes examinées dans la 4ᵉ partie.

Le COSO 1 a identifié cinq composantes fondamentales du contrôle interne. Il les a symboliquement représentées sous la forme d'une pyramide universellement connue sous le nom de « Pyramide du COSO ». Cette pyramide est complétée par une vision à trois dimensions soulignant l'universalité de ces cinq composantes et dans tous les domaines d'activité.

La pyramide du COSO repose sur un socle : l'environnement de contrôle. Elle comporte trois étages :

- l'évaluation des risques ;
- les activités de contrôle ;
- le pilotage.

Le tout est supporté par une charpente : l'information et la communication.

La pyramide du COSO 1

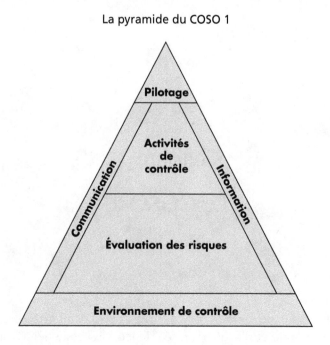

1. L'ENVIRONNEMENT DE CONTRÔLE

C'est le milieu dans lequel va se développer et s'organiser le contrôle interne. Sa qualité va conditionner la qualité du contrôle interne et c'est pourquoi l'environnement de contrôle constitue la base de la pyramide : il est le socle sur lequel tout va se construire. Il détermine le niveau de sensibilisation du personnel au besoin de contrôle. Sans environnement de contrôle favorable, il est inutile d'espérer arriver à un résultat significatif et donc à une maîtrise satisfaisante des activités : on construit sur du sable.

C'est donc un élément essentiel qui constitue le fondement de tous les autres éléments du contrôle interne ; il symbolise la culture. Comme déjà signalé, l'IFACI a développé un outil permettant d'apprécier la qualité de l'environnement de contrôle, outil particulièrement utile pour les auditeurs internes mais qui devrait intéresser au plus haut point les managers soucieux de mieux connaître le contexte dans lequel ils vont avoir à implanter leur contrôle interne[1]. Notons dès à présent que, dans une organisation, on peut rencontrer des établissements, des filiales, des services, avec des cultures différentes, des sous-cultures, et un environnement de contrôle favorable pourra donc coexister avec un autre moins favorable. Ce qui n'est rien

---

1.   IFACI, *Les variables culturelles du contrôle interne, op. cit.*

d'autre que la simple observation que dans une même entité les risques peuvent être globalement bien maîtrisés en un endroit et être mal gérés ailleurs. L'entreprise est une mosaïque de cultures composant la culture globale.

Ainsi, tous les dispositifs formels ou informels qui seront mis en place vont être animés, sous-tendus par le contexte culturel qui va leur donner une dimension originale. Et cela condamne à l'avance les solutions toutes faites. On est obligatoirement dans le domaine du sur-mesure.

L'appréciation de la culture, et donc de la qualité de l'environnement de contrôle, peut se faire par l'examen de trois éléments : intégrité et éthique, fonctionnement de l'entreprise, gestion des ressources humaines.

1.1. L'intégrité et l'éthique

Si la morale a une dimension universelle, l'éthique, elle, a une dimension personnelle. Dans le monde du travail, elle s'exprime dans la déontologie : « ce que je dois faire », l'entreprise étant par définition amorale.

On l'a déjà souligné, le contrôle interne ne saurait avoir pour finalité de se soustraire aux règles internes ou externes. Si nous sommes dans un environnement dans lequel ces mauvaises habitudes sont ancrées, on aura beaucoup de mal à construire quelque chose de solide et l'édifice sera sans cesse remis en cause. C'est pourquoi il est ici important de diffuser les valeurs de respect des règles et de conformité : codes de conduite ou de déontologie, présence d'un déontologue sont autant de facteurs favorables qui concourent à la qualité de l'environnement de contrôle. Celle-ci peut être dévoyée de multiples façons et le COSO nous en cite quelques exemples :

- pressions pour atteindre des objectifs irréalisables ;
- absence de sanctions dans des cas de malversation ;
- favoritisme évident ;
- non-respect des règles de concurrence ;
- camouflage de résultats insuffisants ;

et l'on peut ajouter :

- privilégier l'aspect technique considéré comme seul important ;
- ignorer superbement les risques, etc.

Or, tout manquement à l'éthique peut affecter la réputation de l'entreprise et donc avoir des conséquences sur son devenir. Le contrôle interne doit prendre en compte cette dimension et il le fait précisément avec l'appréciation de la qualité de l'environnement de contrôle.

Mais les codes de bonne conduite ou autres chartes ne sont pas la panacée universelle. Un récent article[1] soulignait que près de la moitié de ces textes (48 %) ne sont que des déclarations de bonnes intentions avec des phrases creuses du type « l'engagement de nos valeurs témoigne de notre souhait d'être reconnu comme un acteur respectant les attentes des générations présentes et futures ». Et l'auteur ajoute : « le pire étant les chartes jargonnantes parce que sans doute écrites originellement en anglais et mal traduites ». Les référentiels sont, dans ce domaine, nombreux, divers et répétitifs ; ils relèvent aussi bien de l'obligatoire que du contractuel ou du conventionnel. Il est impératif que ces documents, quels qu'ils soient, restent clairs, simples, précis et se réfèrent à l'activité et au métier.

De surcroît, derrière tous les exemples d'éthique défaillante, il y a bien souvent, trop souvent, le mauvais exemple du management. Dans une organisation, dans un service où le patron est le premier à ne pas s'appliquer les règles qu'il préconise pour les autres, où il s'arroge des privilèges ou des passe-droits, il ne faut pas s'attendre à voir le personnel se soucier de la qualité du contrôle interne. Pour cette simple raison que chacun s'applique toujours à copier l'échelon hiérarchiquement supérieur. On retrouve là le « tone at the top » des Anglo-Saxons. C'est bien pourquoi il est recommandé que le code d'éthique soit en priorité signé par les membres de la direction et, plus généralement, que la signature du manager précède celle de ses collaborateurs.

Illustration

Réalisant un audit sur la sécurité dans une usine, les auditeurs internes ont prévu dans leur plan de travail de vérifier le contrôle des entrées/sorties du personnel sur le site.

Ils ont regardé s'il y avait une règle. Il y en avait une, largement diffusée et connue de tous : tout membre du personnel quel que soit son niveau hiérarchique devait, à son entrée dans l'usine, présenter son badge d'identification au poste de garde. De même, le personnel d'entreprise devait présenter une autorisation d'accès avec ou sans véhicule. Cette règle, très largement diffusée, était connue de tous.

Cette procédure écrite constituait bien évidemment un dispositif essentiel de contrôle interne.

En bons auditeurs internes, ils sont allés voir comment se déroulaient les entrées du personnel. Ils ont constaté que dès que quelqu'un se présentait, le poste de garde ouvrait la barrière et qu'il suffisait aux chauffeurs de camions des entreprises d'agiter de loin un vague papier pour qu'on les laisse passer.

---

1. Annie Kahn, « Double vœu », *Le Monde*, 20 décembre 2011.

La règle n'était donc respectée par personne.

Les auditeurs internes se sont alors posé la traditionnelle question du « pourquoi » ? Quel était le dispositif défaillant dans l'organisation ?

Ils n'ont pas eu à se poser bien longtemps la question. Ils ont vu arriver la voiture du directeur de l'usine et les gardiens se précipiter pour lui ouvrir la porte.

On était donc dans une entité dans laquelle le directeur, connu de tous, considérait que son rang, ses responsabilités le dispensaient de se plier à cette règle subalterne consistant à présenter sa carte. Mais ce directeur avait sous ses ordres directs trois chefs de département lesquels ont tout naturellement considéré qu'ils devaient bénéficier des mêmes prérogatives que leur supérieur direct. Et leur attitude était bien évidemment copiée par leurs chefs de service...

Et c'est ainsi que, d'échelon en échelon, plus personne ne respectait la règle.

L'exemple du management est un élément essentiel de la qualité de l'environnement de contrôle.

Après l'intégrité et l'éthique, le fonctionnement de l'entreprise est une des composantes principales de l'environnement de contrôle.

1.2. Le fonctionnement de l'entreprise

L'organisation de l'entité doit également être exemplaire et sa qualité contribue à celle de l'environnement de contrôle. Le conseil d'administration doit jouer pleinement son rôle ainsi que le comité d'audit. Les administrateurs et membres du comité d'audit doivent avoir une bonne connaissance de l'entreprise et de ses activités. Le contrôle interne ne peut être de bonne qualité s'il n'y a que des administrateurs dormants ou si les délégations de pouvoirs ne sont ni clairement définies, ni respectées, ou si l'organisation elle-même n'est pas adaptée aux objectifs fixés tant en qualité qu'en quantité.

Les recommandations de la commission Treadway sur le comité d'audit sont à prendre en considération : périodicité des réunions, qualité des participants, connaissance des activités, relations avec l'audit interne... Tous ces éléments participent à la qualité du contrôle interne.

Et cela vaut aussi bien pour une entreprise que pour un service de l'entreprise.

Un bon fonctionnement, c'est aussi une structure de travail adéquate, c'est un juste équilibre entre les fonctions directement productives (production, ventes) et les fonctions support (gestion, ressources humaines), l'important étant que la transmission de l'information et donc la réactivité ne soient pas entravées par une organisation inadaptée. Le choix entre une structure hiérarchique et une structure matricielle doit être fonction de la nature de l'activité et de la taille de l'entreprise, le seul but étant de faciliter la réalisation des objectifs.

Ce doit être aussi le but de la gestion des ressources humaines.

1.3. La gestion des ressources humaines

Elle est une des composantes du style du management mais n'en est pas moins en soi un élément fondamental. La raison en est que chacun est, à son niveau de responsabilité, un acteur du contrôle interne. Il s'ensuit que la façon dont il est considéré et géré a une incidence considérable.

Un bon environnement de contrôle exige compétence et intégrité dans la gestion des ressources humaines. Si la politique salariale et sociale est obscure, incomprise et, a fortiori, inégalitaire ; si les règles de promotion et de gestion des carrières sont incompréhensibles ou falsifiées ; si les politiques de formation ne sont ni claires ni utiles, si les effectifs ne permettent pas une supervision convenable, si les rotations du personnel aux postes stratégiques sont incessantes, alors la participation du personnel à la qualité de la gestion ne sera pas au rendez-vous.

Au contraire, si la gestion du personnel témoigne de la volonté de permettre aux compétences de s'exprimer, de se développer ; si les systèmes de rémunération incitent à un meilleur travail, à une attention plus soutenue aux risques rencontrés, alors le contrôle interne pourra se construire sur des bases solides.

Mais que peut faire l'auditeur interne lorsqu'il constate par des attitudes rencontrées, des réflexions entendues ou des constats réalisés que la qualité de l'environnement de contrôle n'est pas au rendez-vous ? Il doit alors considérer qu'il se situe dans une zone à risque et en conséquence programmer des missions fréquentes dans son plan d'audit, missions durant lesquelles il prêchera la bonne parole, il répétera les mêmes recommandations et on peut alors espérer que peu à peu la culture évoluera dans un sens favorable. De même, que peut faire un responsable opérationnel quand il observe qu'il se situe dans un environnement peu favorable et qu'il prêche dans le désert ? Il ne peut, lui aussi, que tenter de convaincre. Et il doit le faire sans se décourager, en s'appuyant, autant que faire se peut, sur ceux qui, dans la hiérarchie, ont une conception plus saine de la gestion d'entreprise et sont sensibles aux risques. Mais dans un cas comme dans l'autre, il ne peut être question de simplement considérer qu'il n'y a qu'à « mettre en place un environnement de contrôle favorable ». La culture n'est pas une machine ou un procédé que l'on pourrait installer du jour au lendemain.

La seule certitude, c'est qu'il y faudra du temps. L'expérience nous montre qu'il faut souvent attendre un changement des hommes situés aux postes de responsabilité pour que la novation s'accomplisse.

Sur ce socle, le second étage de la pyramide est l'évaluation des risques.

2. L'ÉVALUATION DES RISQUES

Pour concevoir et mettre en œuvre un système de contrôle interne de bonne facture, relativement cohérent et dès l'instant que l'environnement de contrôle s'y prête, il faut également connaître les risques susceptibles de faire obstacle.

Cette observation a conduit les initiateurs du COSO 1 à énoncer qu'il était donc indispensable d'évaluer les risques pour être en mesure d'y adapter les dispositifs adéquats. Proposition exacte mais insuffisante. Les auteurs du COSO 2, ainsi que nous le verrons dans le prochain chapitre, ont noté fort justement qu'il fallait aller plus loin qu'une simple évaluation et promouvoir une véritable gestion des risques, incluant certes une évaluation mais également bien d'autres choses. Le COSO 1 avait pressenti cette exigence en affirmant : « Avant de procéder à une telle évaluation, il est nécessaire de définir les objectifs compatibles et répondant à des règles de cohérence interne. »

C'est donc en fait un véritable **management des risques** qui doit se situer à cet étage de la pyramide, ainsi qu'il sera décrit au chapitre suivant.

Dans ce domaine, plus encore que dans les autres, les responsables seront attentifs à la gestion du changement. Dans un monde en constante évolution, où tout change, les risques changent. Il faut donc adapter en permanence le contrôle interne. Dans cette démarche de veille constante, ce sont ceux qui se préoccupent des risques qui vont être les guetteurs de première ligne, d'où leur importance dans la définition du contrôle interne.

Et c'est à partir de là que pourront être définis les dispositifs de contrôle interne, les « activités de contrôle » comme le dit le COSO 1.

3. LES ACTIVITÉS DE CONTRÔLE

C'est le troisième étage de la pyramide.

Ces « activités » ne sont pas seulement « l'application des normes et procédures », ce sont les dispositifs spécifiques que chacun va mettre en œuvre pour faire échec à ses risques. Leur ensemble, ordonné et mis en œuvre, constitue ce que l'on nomme **le cadre de contrôle**, ou cadre de maîtrise.

Contrairement à ce que l'on a pu penser, ils ne se limitent pas aux actes de vérification ou aux procédures, lesquels n'en sont qu'un élément. Ces dispositifs vont varier selon la culture, la nature des activités, les habitudes de travail, ils sont donc en nombre infini. Mais nous verrons dans la troisième partie qu'on peut les mettre dans un certain ordre et, ce faisant, on leur donne une vertu particulière : la cohérence.

Ce qui est clairement exprimé ici c'est qu'il ne saurait y avoir un contrôle interne dans une entité s'il n'y a pas, à chaque échelon, des activités de contrôle (c'est-à-dire des moyens de maîtrise) pour faire échec aux risques. C'est pourquoi les risques résiduels qui peuvent subsister en dépit de ces mesures sont nommés « risques de contrôle interne ».

Pour soutenir cet ensemble, il faut une charpente qui va venir renforcer la cohérence de l'ensemble : ce sont la communication et l'information.

4. LA COMMUNICATION ET L'INFORMATION

Les éléments disparates du contrôle interne doivent pouvoir être connus de tous, ne serait-ce que pour assurer une indispensable coordination et cohérence. Pour ce faire, il faut :

- une bonne communication permettant une circulation fluide et aisée de l'information ;
- une transparence qui soit la règle pour tous.

4.1. La communication

On doit distinguer la communication interne et la communication externe, destinée aux acteurs situés en dehors de l'organisation.

La communication interne doit être facilitée par tous les moyens : pas de rétention d'information, pas de circuits de communication excessivement complexes, pas d'obstacles technologiques induisant retards et obsolescence. C'est elle qui permet de remonter l'information et donc de donner l'alerte en cas d'urgence. Et c'est toujours celui qui est le mieux placé sur le terrain qui doit assumer et donc se sentir responsable. Cette communication ne doit pas être à sens unique : elle doit fonctionner de bas en haut et de haut en bas, elle doit irriguer tout le corps social.

Surtout, pour ce qui nous concerne, le système de communication doit prévoir un dispositif permettant aux collaborateurs de diffuser les informations sur les risques entre les unités et à la hiérarchie, ce qui suppose :

- des voies de communication ouvertes et disponibles ;
- des canaux prévus à cet effet ;

et ce qui suppose également que chacun soit persuadé qu'on ne lui tiendra jamais rigueur d'avoir signalé un problème, même s'il en est en partie responsable. La faute, c'est de ne rien dire.

C'est aussi pourquoi toutes les méthodes permettant de mettre les dirigeants à l'écoute des suggestions formulées par le personnel sont bonnes à prendre.

Les techniques modernes, telles que le *cloud computing* qui permet d'avoir accès via le réseau à la demande et en libre-service à des ressources informatiques mutualisées, rendent l'information encore plus disponible. Il en résulte, outre une baisse des coûts, une meilleure flexibilité et disponibilité.

Mais qui trop embrasse mal étreint et il faut prendre garde à ne pas perdre la maîtrise et à maintenir la sécurité des données.

La communication externe doit également obéir à des règles : qui doit communiquer quoi et à qui. C'est dire qu'à la fluidité et à la transparence doivent s'ajouter la maîtrise et la sélection. Cette communication doit donc être définie dans son contenu et ses modalités par la direction générale ou le conseil, faute de quoi on prête le flanc à des risques importants : risque d'image, espionnage industriel, concurrence déloyale…

Elle est particulièrement importante en situation de crise ; on doit alors, et au préalable, définir la prise de parole et son contenu dont l'essentiel est en général le communiqué de presse.

Elle concerne toutes les parties prenantes externes : journalistes, assurances, banques, autorités de contrôle et régulateurs, médias divers, auditeurs externes…

Le COSO souligne fort opportunément l'intérêt qu'il peut y avoir à prendre également en compte l'information venant de l'extérieur et qui comporte un jugement, une appréciation sur l'entreprise. C'est un indicateur de la réputation qui devra être traité afin de lui donner une suite, ce qui implique une organisation adéquate.

Dans les deux cas, communication externe et communication interne, un plan de communication est le premier et indispensable dispositif de contrôle interne à prévoir pour être à l'abri des errements de l'improvisation. Ce plan doit être validé et diffusé à tous ceux qui sont susceptibles d'avoir à le mettre en œuvre.

Mais l'essentiel dans la communication c'est l'information qu'elle véhicule.

4.2. L'information

Nous avons déjà indiqué les qualités que doit présenter une bonne information.

4.2.1. Caractéristiques

Nous verrons dans la partie 3 que le système d'information de chacun est un élément de son contrôle interne et participe à la qualité de l'information de l'entité tout entière, ce dont il est question ici. L'ensemble constitue le système d'information de l'entreprise, lequel est la somme, triée et organisée, de l'ensemble des systèmes d'information de chacun. Ce mouvement est à double sens puisque le système d'information nourrit l'information des activités, comme il sera indiqué dans le chapitre 2 de la troisième partie. Véhicule de la communication dans l'entreprise, le système d'information coordonne les activités de l'organisation et lui permet d'atteindre ses objectifs. Et il le fait en respectant deux exigences : l'accès facilité à toutes les informations utiles et ce, en réduisant les coûts d'accès et un pilotage essentiellement assuré par la direction générale, si possible en coordination avec les métiers. Il fut longtemps schématisé sous une forme pyramidale reflétant la hiérarchie de l'entreprise.

Actuellement, la structure ERP (Enterprise Ressource Planning), avec un programme de gestion intégré et des systèmes spécifiques, constitue une véritable cartographie de l'information dont l'architecture doit être en cohérence avec la stratégie. D'ailleurs, le système d'information est de plus en plus une simple partie du « projet business », le danger étant que le SI s'éloigne des métiers et, in fine, ne corresponde plus aux attentes. Notons que ces systèmes ne sont pas seulement informatiques ou comptables, mais peuvent être manuels et oraux, formels ou informels même si cette dernière forme n'est pas à conseiller.

Le système d'information de l'entreprise doit être maîtrisé, c'est-à-dire faire l'objet d'une gouvernance rigoureuse.

4.2.2. La gouvernance du système d'information

Pour la maîtrise indispensable du système d'information, et singulièrement au plan informatique, on lira avec profit l'excellent document mis au point par l'IFACI, le CIGREF et l'AFAI sur « La gouvernance du système d'information ». En effet, pour jouer son rôle efficacement, le système d'information doit être gouverné, c'est-à-dire :

- permettre aux gestionnaires de risques de répondre aux questions qu'ils peuvent se poser ou qu'on peut leur poser ;
- mettre en relief les points sensibles à surveiller en permanence ;
- ordonner les questions de façon cohérente pour en faciliter l'examen, donc la maîtrise ;
- et veiller à ne véhiculer que des informations correspondant aux besoins de l'organisation.

Pour atteindre ces objectifs de façon rationnelle, toute organisation doit disposer d'un schéma directeur régissant le développement et la modification du système d'information. Et il doit s'inscrire dans la ligne générale de la stratégie.

À cet égard, le COBIT[1] a apporté et apporte encore une aide appréciable pour l'analyse critique. C'est un outil qui fonctionne selon cinq principes :

- il s'appuie sur la création de valeur ;
- il est orienté business et donc plus pratique que théorique ;
- il s'appuie sur les compétences, l'organisation, la culture et est donc bien dans l'esprit de l'environnement de contrôle ;
- il prend en compte les principes de gouvernance ;
- il prend également en compte les principes du management.

Il aide donc à la maîtrise des risques et par conséquent à la qualité du contrôle interne.

Le guide précité sur la gouvernance du système d'information apporte également une contribution significative à la maîtrise des risques en allant jusqu'à l'évaluation des pratiques. Même si l'on ne couvre pas l'ensemble du domaine opérationnel, l'essentiel est analysé par un découpage en trois niveaux (management, opérationnel, support) et douze vecteurs allant de l'intégration dans le plan stratégique au pilotage des services externalisés et couvrant également le contrôle de gestion informatique et les compétences du personnel.

---

1. Control Objectives for Information and related Technology.

Pour chacun de ces vecteurs, l'identification des risques est le préalable indispensable à l'élaboration d'un contrôle interne efficace et ciblé, ainsi qu'il sera analysé dans la quatrième partie.

4.2.3. Le contrôle de gestion

Outil essentiel dans le suivi du budget de chacun et l'élaboration des prévisions stratégiques pour la direction, le contrôle de gestion est un instrument fondamental pour la maîtrise des activités de chacun à tous les échelons de la hiérarchie. À ce titre, il contribue au contrôle interne puisqu'il aide à éliminer tous les risques pouvant résulter d'une dérive dans les prévisions ou d'une erreur d'appréciation dans la définition de la stratégie : il permet le pilotage au plus près des activités par tous les acteurs, chacun à son niveau.

Pour ce faire, il utilise des indicateurs qui sont – nous le verrons – autant de dispositifs de contrôle interne.

Un contrôle de gestion qui joue son rôle c'est aussi un outil qui permet d'avoir une bonne visibilité sur les coûts et donc d'apprécier au plus juste le prix de revient des dispositifs de contrôle interne envisagés. À partir de là, les décisions de gestion auront plus de chance de viser juste et d'éviter des dérives ou des choix inopportuns, et ce en anticipant les recommandations de l'audit interne.

Les liens avec l'audit interne, appréciateur du contrôle interne, ont d'ailleurs été soulignés par ailleurs[1].

4.2.4. Les écueils à éviter

Pour que les données puissent être traitées valablement dans le système d'information, deux écueils sont à éviter :

- **La rétention d'information**

  Si l'information adéquate ne parvient pas aux différents acteurs, si certains responsables la conserve pour en faire un instrument de pouvoir, ils scient la branche sur laquelle ils sont assis. En effet, leurs collaborateurs sont alors mal informés de leurs risques et ils ne peuvent concevoir un dispositif de contrôle interne adéquat donc efficace. Il en résultera des erreurs ou dysfonctionnements dont le responsable concerné aura à répondre.

---

1. Renard J., Nussbaumer S., *op. cit.*

Mais si le problème est simple dans son principe, son application peut s'avérer délicate. C'est en particulier le cas des informations qui, pour des raisons stratégiques, ne peuvent être communiquées. Où situer la limite aussi bien en termes d'informations à ne pas transmettre qu'en termes de définition des destinataires aptes à les recevoir ? C'est d'autant plus difficile que l'information dite « confidentielle » doit néanmoins être portée à la connaissance d'échelons subalternes qui en ont besoin pour accomplir leur tâche. On ne saurait fonctionner exclusivement avec la menace des sanctions. On retrouve là le rôle de l'éthique, déjà évoqué.

Le second écueil produit les mêmes effets.

- **Les bruits de couloirs**

Ils sont dangereux car ce sont des mirages. Ils font voir des risques qui n'existent pas ou n'existent plus et masquent ceux qui existent. Là encore, erreurs et dysfonctionnements seront au rendez-vous. On peut observer que la fausse information – volontaire ou involontaire – est à ranger dans cette catégorie.

L'importance de ce point de faiblesse va varier selon le niveau auquel il se situe. Or, il est remarquable qu'il peut y avoir aux niveaux les plus élevés une vision déformée de la réalité. « Il se forme dans l'esprit des princes des sortes de mirages qui les abusent et leur font voir des paysages chimériques », disait Chateaubriand[1]. À ce niveau, l'information déformée peut avoir des conséquences redoutables.

Tout cet ensemble doit être coordonné : c'est le sommet de la pyramide.

5. LE PILOTAGE

Piloter c'est, pour chaque responsable, se sentir concerné, donc s'approprier son propre contrôle interne et du même coup le maintenir efficace et analyser ses faiblesses pour l'améliorer. Pour ce faire, il faut à la fois coordonner, évaluer et mettre à jour.

5.1. Coordonner

Ce n'est pas pour rien que ce cinquième élément figure comme un chapiteau sur la pyramide. Il faut bien, à la fin des fins, que l'action de chacun soit coordonnée avec l'action de tous, il faut bien qu'il y ait une politique commune, un pilote dans l'avion.

---

1. Chateaubriand, *Mémoires d'outre-tombe.*

Le COSO souligne que le contrôle interne est l'affaire de chacun des managers, mais c'est aussi l'affaire du manager des managers, c'est-à-dire la direction générale qui doit veiller à la cohérence de l'ensemble. Et c'est pourquoi, nous le verrons ultérieurement, tout commence par la mise en place du contrôle interne des organes dirigeants qui ensuite portent à la connaissance des échelons inférieurs les risques stratégiques et les dispositifs de contrôle interne que chacun, à son niveau de responsabilité, doit prendre en compte.

Cette coordination de l'ensemble des dispositifs, chacun y veille dans sa sphère d'activité et ce, même dans le cas d'un contrôle interne qui ne serait ni voulu ni organisé. C'est un réflexe naturel de bonne gestion. Et c'est pourquoi quelqu'un qui sous-traiterait son contrôle interne à des tiers manquerait gravement à ses obligations. En revanche, il ne lui est pas interdit de s'entourer de concours et de spécialistes susceptibles de le conseiller et de l'aider dans la conception ou l'amélioration de ces dispositifs. Mais il reste le maître d'ouvrage. C'est dans cette optique qu'il faut comprendre le rôle du contrôleur interne. Ce dernier peut avoir un rôle qui varie selon les organisations. Tantôt, il n'y a qu'un seul contrôleur interne rattaché au sommet et il est le copilote de la direction dans ce domaine ; tantôt, il s'agit davantage d'une équipe dont les différents membres sont rattachés aux managers et ils les assistent pour tout ce qui a trait au contrôle interne. Le grand danger est évidemment que, quelle que soit l'organisation, le manager concerné considère que ce n'est plus son affaire, qu'il y a des spécialistes pour s'occuper de ces problèmes. Une telle attitude relève de l'abandon de poste.

Illustration

Dans une entreprise, le directeur des approvisionnements a sous ses ordres :
- le chef du service Achats qui achète l'ensemble des matériels et matières destinés soit à l'utilisation immédiate, soit à la mise en magasin ;
- le chef du service Magasin responsable de la gestion des stocks.

Le premier, soucieux de bien maîtriser son activité, a mis au point un système de codification des articles par fournisseur et qui lui permet :
- de procéder aux appels d'offres et à la mise en concurrence ;
- de réaliser ses statistiques d'achats ;
- d'avoir un catalogue permanent des fournisseurs.

Le second, soucieux d'éviter les stocks dormants et désireux de ne pas être en situation de rupture de stock, a mis au point un système de codification par nature de matériel (plomberie, électricité, tôles, papeterie, matériel de bureau, etc.), ce qui lui permet :
- de suivre les consommations ;

- de déclencher des alertes avant rupture ;
- de connaître l'état des matériels de remplacement.

Le directeur des approvisionnements a laissé faire et chacun a élaboré le dispositif de contrôle interne conforme à ses besoins (ici le système de codification).

Résultat : lorsqu'un article commandé rentre en magasin, il fait l'objet de deux codifications successives avec tous les risques d'erreurs. Et on imagine le problème lorsqu'un matériel rentré en magasin doit être retourné au fournisseur via le service Achats : on ne se comprend plus, on ne sait plus de quoi on parle.

La solution était évidemment dans la coordination par le responsable approvisionnement qui aurait dû exiger l'élaboration d'un code universel à la fois par fournisseur et par nature de produit.

L'élaboration des dispositifs de contrôle interne doit toujours être coordonnée.

5.2. Évaluer

Un système de contrôle interne piloté est un système qui est régulièrement évalué : évaluation globale pour le contrôle interne de l'organisation toute entière afin de faire apparaître les points de faiblesse et évaluation par chaque manager dans le même but pour la partie qui le concerne.

Nous verrons les différentes techniques d'évaluation dans la dernière partie consacrée à la mise en œuvre du contrôle interne. Ce que le COSO 1 a voulu souligner ici, et sans rentrer dans le détail, c'est que cette évaluation globale, spécifique et périodique, est une condition indispensable pour une bonne maîtrise des activités.

Il existe plusieurs techniques d'évaluation, de la plus simple à la plus complexe. Certaines peuvent être fournies avec un logiciel approprié ; mais on veillera, quelle que soit la technique, au maintien de deux possibilités d'analyse essentielles :

- la possibilité de mesurer les évolutions. Si, à des intervalles différents, les méthodes utilisées ne sont pas comparables et/ou compatibles, on ne pourra pas savoir avec certitude si l'on est en progrès ou en récession ;
- la possibilité de faire des comparaisons. Cela est surtout valable lorsqu'on procède à des évaluations globales. Il est alors indispensable pour le diagnostic de connaître les points forts et les points faibles. Face à une appréciation globale révélant un contrôle interne de qualité moyenne, où sont les points faibles ? Est-ce le contrôle interne de la trésorerie ou celui de la maintenance ? Pour pouvoir répondre à cette question, il faut que les deux appréciations puissent être objectives (élimination de tout jugement personnel) et réalisées de façon identique.

Dans tous les cas, l'appréciation du contrôle interne d'une entité sera le résultat de la somme des appréciations de ses différentes activités. Nous verrons que cette appréciation peut être le fait de différents intervenants (manager, auditeurs internes, appréciation collective) mais c'est toujours le responsable opérationnel qui est le premier concerné.

L'évaluation aboutit à une nécessaire mise à jour car piloter c'est aussi mettre à jour.

5.3. Mettre à jour

Dans un monde en mouvement, où les risques apparaissent et disparaissent, la veille permanente est un devoir absolu, faute de quoi l'évaluation ne sert à rien.

Dans les activités à haut risque, on se dotera d'une cellule de veille qui aura pour objet de veiller à l'obsolescence des dispositifs en place face à l'évolution de l'environnement, des techniques et donc des risques.

Dans les activités à moindre risque, ou dans les secteurs où l'on accepte une certaine prise de risque, la veille relève plutôt d'un état d'esprit, d'une vigilance qui ne doit jamais s'interrompre. Cette vigilance individuelle relève aussi, au plan collectif, de la communication.

Illustration

Dans une usine chimique, des produits sont stockés sous pression dans un réservoir.

À l'entrée du réservoir, il y a une vanne de sécurité permettant l'évacuation des gaz en cas de surpression (dispositif de contrôle interne).

Le refroidissement du produit avant l'arrivée dans le réservoir est assuré par des aéro-réfrigérants installés entre la vanne et la cuve.

Le fonctionnement de ce dispositif n'étant pas satisfaisant, on décide de le remplacer par des échangeurs de chaleur (les conduites d'arrivée de produit chaud sont en contact avec des conduites contenant du produit froid).

Mais on oublie :
• que ces échangeurs peuvent se boucher ;
• qu'il faudrait informer les responsables sécurité.

Si l'échangeur se bouche, la vanne de sécurité placée en amont ne protège plus le réservoir.

Ce qui se produisit : explosion ; deux victimes.

Ce qu'il aurait fallu faire si la vigilance avait été au rendez-vous : déplacer la vanne et l'installer directement sur la cuve.

Tel est l'apport essentiel du COSO 1 : avoir été le premier à définir le contrôle interne et à énoncer l'essentiel de ses composantes fondamentales. Mais il subsistait une lacune fort heureusement comblée par le COSO 2.

Ce qu'il faut retenir

Le COSO 1 est le premier des référentiels de contrôle interne auquel tous se sont référés, adoptant du même coup la définition du vocable.

Il identifie cinq composantes du contrôle interne qui permettent de mettre en œuvre un dispositif de façon rationnelle :

– l'environnement de contrôle : présenté à juste titre comme le socle sur lequel tout repose. Il traduit la qualité du milieu, sa sensibilisation au contrôle interne et relève de la culture. Il s'exprime à travers :

  • l'intégrité et l'éthique dont l'exemplarité du management est la meilleure illustration,

  • le fonctionnement de l'entreprise qui ne peut être contraire à la réglementation,

  • la gestion des ressources humaines qui doit être compétente, intègre et transparente ;

– l'évaluation des risques : indispensable pour définir ce qu'il faut mettre en œuvre pour leur faire échec. Mais nous verrons que le COSO 2 est allé plus loin dans ce domaine ;

– les activités de contrôle : elles recensent les dispositifs à mettre en place pour empêcher les risques de se réaliser, à tout le moins les plus importants d'entre eux ;

– la communication et l'information : éléments essentiels pour que les différents acteurs puissent jouer leur rôle en connaissance de cause ;

– le pilotage : il va permettre de coordonner et de tenir à jour les éléments mis en place.

Chapitre 2

Le COSO 2

Le grand message du COSO 2 fut de relever que, pour une bonne maîtrise des activités, on ne pouvait se contenter d'évaluer les risques, il fallait les gérer de façon globale, ce que les auteurs ont exprimé sous le vocable ERM (Enterprise Risk Management).

Dès cet instant, et à juste titre, la gestion du risque devenait le préalable indispensable et à telle enseigne que l'ouvrage du COSO 2 s'est intitulé *Le management des risques de l'entreprise*. Le contrôle interne se nourrissant du dispositif de management des risques, ce dernier devient un référentiel conceptuel, c'est dire son importance.

Importance d'autant plus grande que les attentes sont immenses ainsi que le souligne Pierre Drouard[1] : « On veut tout savoir, tout prévoir et surtout l'imprévisible ». Or l'imprévisible n'est en principe pas inimaginable et c'est pourquoi il faut forcer l'imagination qui doit toujours présider aux réflexions sur le management des risques.

Mais la mise en place d'une gestion de risques implique que toute confusion entre les concepts soit dissipée.

---

1. Drouard P., *Audit et contrôle internes*, n° 205, juin 2011.

1. LA CLARIFICATION DES CONCEPTS

On a pu écrire : « le contrôle interne fait partie intégrante du management des risques », ce qui est confondre une fonction avec les éléments constitutifs de toute activité. Le management des risques n'inclut pas le contrôle interne, il est *en amont* du contrôle interne ; il définit les options possibles face à un risque, options que le manager (et l'audit interne) prendra éventuellement mais pas nécessairement en considération dans l'élaboration de son contrôle interne.

Le management des risques, apport essentiel du COSO 2, apparaît bien comme le préalable indispensable à la mise en place d'un contrôle interne rationnel avec lequel néanmoins il convient de ne pas le confondre. Il constitue, avec l'établissement d'une cartographie et la définition d'une politique du risque, le premier étage de la fusée et l'ensemble est indissociable.

La définition donnée par le COSO confirme bien cette spécificité en précisant que :

- le management des risques est un processus, donc un enchaînement d'actions continues, à la différence du contrôle interne, même si, comme lui, il est lié aux activités opérationnelles ;
- il est mis en œuvre par les opérationnels même s'il est supervisé et coordonné par un *risk manager* qui en propose la politique. C'est in fine le Conseil qui en décide et les managers qui réalisent ;
- c'est toujours le Conseil qui veille à la bonne cohérence avec la stratégie de l'entreprise, laquelle est d'ailleurs directement influencée par les options prises en matière de gestion de risques. Il y a là une double interaction particulièrement enrichissante ;
- le management des risques est naturellement déployé dans toute l'organisation et s'applique à toutes les activités. C'est le *risk manager* qui doit veiller à éviter incompatibilités et contradictions. On retrouve là l'indispensable parallélisme avec le contrôle interne ;
- il implique également que soit défini le niveau d'acceptation des risques de l'organisation, composante essentielle de la politique de risques et de la stratégie ;
- enfin, tout comme le contrôle interne, il aide, avec lui, à réaliser les objectifs de l'entreprise.

C'est la première étape de la démarche.

Mais il est indispensable de prendre soin de clarifier deux problèmes :

* Organiser la cohérence des décisions entre management du risque et contrôle interne : y a-t-il une prééminence de l'un sur l'autre ? Certains se demandent comment organiser le partage des responsabilités. En fait, la cohérence va de soi puisque le management du risque est une fonction avec un responsable. Souvent, d'ailleurs, cette responsabilité est couplée avec celle de directeur des assurances. Ce qui est logique puisque politique de risque et politique d'assurance se nourrissent aux mêmes sources et doivent être coordonnées. D'ailleurs, l'association des *risk managers* (l'AMRAE) est aussi l'association professionnelle des responsables d'assurance.

  En revanche, nous le savons, le contrôle interne n'est pas une fonction, il est consubstantiel à toutes les fonctions. Le management du risque a, lui aussi, son contrôle interne. Opposer l'un à l'autre est donc un faux problème : un bon contrôle interne prend en compte les travaux du *risk manager* tout comme il prend en compte l'organisation et les règles qui la régissent : c'est sa première démarche, rien de plus.

* Mais il est un second problème, qui est bien réel et que nous ne ferons qu'esquisser car il est à la limite de notre sujet : c'est la cohérence entre l'action du *risk manager* et celle de l'audit interne. En améliorant le contrôle interne, l'audit interne agit sur les dispositions prises par le *risk manager* et pourrait aller à l'encontre de la politique définie par ce dernier. Il y a donc là l'exigence d'une véritable concertation.

Nous venons de voir que le COSO 2 considère qu'il appartient au conseil de veiller à la cohérence. En fait, c'est le plus souvent le *risk manager* qui, par délégation, est en première ligne.

Pour symboliser la novation, on a imaginé un symbole graphique plus riche que le précédent.

2. LE SYMBOLE GRAPHIQUE

Observons au préalable que les différents étages de la pyramide du COSO 1 subsistent en leur qualité de composantes essentielles. On les retrouve dans le symbole graphique du COSO 2, lequel rappelle les quatre autres composantes ou éléments du COSO 1 :

* l'environnement de contrôle, nommé ici « environnement interne ». Ce qui, de fait, est plus parlant ;
* les activités de contrôle ;

- l'information et la communication ;
- le pilotage.

Mais, différence essentielle et contribution majeure : aux lieu et place de la simple évaluation des risques, on trouve quatre éléments qui s'ajoutent aux éléments du COSO 1 et symbolisent la gestion globale du risque. En effet, gérer les risques, c'est :

- définir des objectifs ;
- identifier les événements ;
- évaluer les risques ;
- les traiter.

Soit au total huit éléments au lieu de cinq mais qui situent la gestion du risque en amont du contrôle interne, lequel est, ainsi que nous le verrons, le pivot de l'ensemble. Avec le COSO 2, on porte le regard en amont et en aval du contrôle interne : de l'identification des risques à toutes les modalités de traitement possible.

Pour mieux singulariser cet enrichissement, le COSO 2 a substitué le cube à la pyramide.

Le cube du **COSO 2**

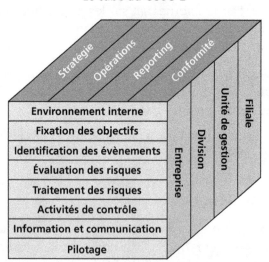

Ce cube présente de face les huit éléments du contrôle interne en incluant les données amont et aval qui peuvent déboucher sur d'autres solutions que l'amélioration du contrôle interne, ainsi qu'il sera démontré un peu plus loin.

La face supérieure reproduit les zones d'exercice du contrôle interne, classées par nature et qui correspondent à quatre catégories d'objectifs :

- *stratégie* : laquelle est singulièrement concernée avec le contrôle interne des dirigeants et organes de gouvernance ;
- *opérations* : pour rappeler que le contrôle interne couvre l'ensemble du domaine opérationnel et n'est pas seulement de nature financière ;
- *reporting* : qui mérite une attention particulière dans les situations où il y a une large décentralisation, et particulièrement dans les cas de décentralisation géographique importante et lointaine. La fiabilité du reporting doit alors mobiliser les attentions ;
- *conformité* : eu égard à son importance dans les activités très réglementées.

La face sur le côté reprend également les zones d'exercice du contrôle interne mais classées par destination :

- *entreprise* : toutes les entreprises, quel que soit leur secteur d'activité (public, privé, coopératif ou associatif) ;
- *division* : dans chaque entreprise, toutes les fonctions sans exclusive ;
- *unité de gestion* : pour bien souligner qu'il convient de descendre au plus petit niveau de responsabilité, chacun ayant son contrôle interne spécifique ;
- *filiale* : l'existence de structures juridiquement autonomes n'enlève rien à l'exigence d'une bonne maîtrise des activités par la maison mère.

En sorte que l'ensemble symbolise parfaitement le **caractère universel** du contrôle interne.

Dans cet ensemble, la gestion globale des risques implique une attention portée à quatre dimensions : objectifs, identification des événements, évaluation des risques, traitement des risques.

3. LES OBJECTIFS

Gérer les risques et donc mettre en place un dispositif protecteur signifie que l'on a tout d'abord tracé les limites ; on a défini le champ d'application dans lequel vont s'inscrire les dispositifs à mettre en place. Mais comment identifier les risques susceptibles de nuire à la réalisation des objectifs s'il n'y a pas d'objectifs, et singulièrement d'objectifs stratégiques au plus haut niveau, à partir desquels tout se décline ? Et comment faire si l'on ne connaît pas le niveau de risque global auquel l'organisation accepte de faire face ? Ce postulat préalable des objectifs stratégiques, c'est-à-dire des objectifs de haut niveau correspondant à la vision de l'organisation quant à son devenir, concerne spécifiquement deux domaines que les gestionnaires de risques doivent impérativement définir et soumettre à la direction pour accord. Faute de quoi, les responsables construiront un contrôle interne qui risque d'être soit insuffisant soit excessif et donc, dans les deux cas, ne remplissant pas son rôle.

Ces deux domaines sont le goût du risque et la tolérance au risque.

3.1. Le goût du risque (appétence)

On connaît l'expression « prendre des risques » et, de fait, selon la culture, la stratégie, la politique, les événements et les hommes, l'organisation est plus ou moins aventureuse ou prudente (ce que d'aucuns nomment « appétence pour le risque »). Ainsi dira-t-on que l'on prend le risque de ne faire qu'un seul inventaire annuel au motif que des erreurs d'inventaire qui perdurent moins d'une année ne prêtent pas à conséquence ; mais en revanche cela permet de réduire les coûts.

De même, on va « prendre le risque » de ne plus réaliser chaque année l'inventaire du mobilier de bureau et se contenter d'un simple formulaire rempli par les chefs de service, ou encore de réduire de 30 % la charge en catalyseur des unités de fabrication même s'il doit en résulter une moindre qualité des produits finis.

Dans tous ces cas de figure, il s'agit de saisir les opportunités : un bénéfice est attendu qui est mis en balance avec le risque accepté. Il y a là un juste équilibre à trouver qui sera le baromètre de la sagesse et de la compétence de la direction générale et du conseil.

Il en est de même pour la tolérance au risque.

3.2. La tolérance au risque

Elle s'exprime de façon chiffrée et doit être en cohérence avec l'appétence. Il s'agit, pour l'entreprise, du chiffre en deçà duquel il n'y a pas de menace significative sur l'activité et les objectifs, et au-delà duquel il peut y avoir problème si la perte atteignait et dépassait le montant fixé. Bien évidemment, ce chiffre à déterminer pour l'entreprise peut être associé à d'autres limites fixées pour les différentes activités ou filiales, lesquelles ne peuvent être en tout état de cause qu'inférieures au chiffre global de l'organisation.

Ainsi, on dira que dans une entreprise de la grande distribution on ne saurait accepter un incident, quel qu'il soit, susceptible de générer une perte supérieure à 1 000 €. Ce qui n'empêchera pas la direction d'une petite supérette de réduire ce chiffre à 500 € pour ce qui la concerne.

Le chiffre fixé sera celui à partir duquel des mesures protectrices s'imposent.

Mais la tolérance au risque s'apprécie également en pourcentage. Ainsi, on dira que le pourcentage de pertes en ligne dans une unité de fabrication est de 3 %, mais qu'il y a une tolérance de 3 à 5 %. Ce qui revient à dire que c'est au-delà de 5 % qu'il y a risque, donc problème.

Le chiffre retenu a une conséquence directe sur la politique d'assurance. Par définition, le chiffre de tolérance au risque sera celui retenu comme chiffre de franchise dans les polices d'assurance : en deçà de cette limite, on est en mesure de supporter le coût d'un sinistre sans qu'il soit besoin d'avoir recours aux assureurs.

Il en est de même pour les limites des frontières de la propre assurance, pouvant déboucher, dans le cas des très grandes entreprises, sur la création d'une société captive d'assurance ou de réassurance.

Cela explique la logique qu'il y a à faire du *risk manager* le responsable des assurances. C'est lui qui devra élaborer une politique de risque définissant les deux seuils évoqués et la soumettre à la direction générale et au conseil. Il incombe à ces derniers de veiller à ce que la politique de communication déjà évoquée intègre ces éléments afin que chacun connaisse les règles et limites auxquelles se conformer.

Chiffre absolu ou pourcentage, la définition de la tolérance au risque doit toujours s'accompagner de la précision du seuil à partir duquel il convient d'alerter la hiérarchie et des modalités de cette alerte ou du seuil de danger à partir duquel il faut agir. Cette alerte peut être informatique, sonore ou visuelle. Elle est d'ailleurs en soi, ainsi que nous le verrons, un dispositif de contrôle interne. Les notions d'appétence et de tolérance ont, en outre, un rapport direct avec le contrôle interne

3.3. Le rapport au contrôle interne

Il est direct et logique ou, s'il ne l'est pas, c'est que l'on a conçu un ensemble qui manque de cohérence. Nous avons déjà fait allusion à la granularité du contrôle interne qui sera traitée plus en détail dans la partie 4. Elle symbolise les mailles du filet tendu pour se préserver contre les risques : si nous sommes face à des risques importants, on va construire un filet aux mailles étroites qui ne laissera pas passer grand-chose, donc une granularité forte. Si au contraire les risques sont peu importants, on aura un filet aux larges mailles, donc une granularité faible.

La cohérence exige que cette granularité du contrôle interne soit en rapport avec les notions d'appétence et de tolérance. Si l'appétence pour le risque est grande et si la tolérance retient des niveaux élevés d'acceptation de risque, alors il est logique que le filet du contrôle interne possède des mailles larges qui laissent passer beaucoup de risques que l'on accepte de supporter. De même, si l'appétence est faible et si la tolérance est mince, on doit avoir une forte granularité du contrôle interne.

C'est dire à quel point il est important d'être clair sur ces principes régissant le management des risques : ils conditionnent les choix qui seront faits pour le contrôle interne.

Donc :

- ils doivent être définis clairement par le *risk management* et approuvés par la direction et le conseil ;
- ils doivent être portés à la connaissance de tous puisque tous ont à se préoccuper du contrôle interne pour l'organiser.

En sus de la définition des objectifs, la gestion globale du risque c'est aussi l'identification des événements.

4. L'IDENTIFICATION DES ÉVÉNEMENTS

Allant au-delà de ce que les auditeurs internes nomment « l'indentification des zones à risques », il s'agit d'être plus précis et d'identifier les événements, les opérations, les actions susceptibles de générer des risques à prendre en compte... ou qui les génèrent déjà.

Cette analyse, qui conduit à l'évaluation décrite au paragraphe suivant, revient à identifier **les risques inhérents** ou risques spécifiques, attachés à chaque opération. Identifier les événements, c'est également, et de façon positive, identifier les opportunités à saisir. Nous verrons avec l'évaluation qu'il faut, dans tous les cas, partir d'une nomenclature de risques pouvant reposer sur différents critères de classement.

Dans cette démarche d'identification, on prendra soin de toujours considérer l'avis du manager, de l'homme de terrain qui est le mieux placé pour apprécier et pour renseigner. Pour ce faire, il faut impérativement le considérer comme un partenaire, un participant actif et non pas un observateur passif qui se sentirait accusé de tous les maux. Là également, on doit aller du plus grand au plus petit, des options stratégiques aux activités opérationnelles : tout comme les opérations, les risques s'emboîtent les uns dans les autres comme des poupées gigognes. Pour arriver au plus petit, il faut partir du plus grand. Les événements potentiels auxquels on doit veiller sont le résultat de divers facteurs d'influence que chacun doit analyser selon une grille à établir et qui se nourrit à diverses sources. Mais deux approches sont possibles.

4.1. L'approche catégorielle

C'est celle retenue par le COSO : on classe les événements par catégorie, par nature avde de les analyser (textes réglementaires nouveaux, événements sociaux, situations politiques, évolutions technologiques, tendances économiques). Ces facteurs sont alors enrichis par des informations diverses : presse, Internet, médias divers, données en provenance de la concurrence, des clients, des statistiques de l'entreprise ou de la profession. Pour ne rien laisser passer, il existe une gamme étendue de techniques et de procédés : de l'analyse de l'existant à l'interview de « sachants » et à la réalisation d'enquêtes ou de questionnaires. On essaie aussi de définir des seuils d'alerte par événement : quand le seuil est atteint, on examine de près la situation considérant que le risque a atteint un niveau qui le rend préoccupant. Ainsi dira-t-on que l'absence de refroidissement d'une cuve contenant un produit à haute température ne doit pas dépasser une heure. Au-delà, il faut impérativement trouver une solution. De même, on peut dire que si les réclamations sur un produit dépassent les 5 %, il y a un risque de chute du chiffre d'affaires et il faut rechercher la cause pour y mettre fin.

Certains vont même jusqu'à constituer une bibliothèque d'événements répertoriés afin de disposer d'une sorte de mémoire collective. Mais il faut se méfier de la focalisation sur les événements du passé. Cette méthode, centrée sur ce qui a été ou sur ce qui est, interdit d'imaginer ce qui n'a jamais été. Or l'histoire ne repasse jamais deux fois les mêmes plats et il faut toujours faire appel à l'imagination.

Néanmoins, cette méthode a l'avantage d'être universelle et de fournir à tous un canevas prêt à l'emploi. Elle a l'inconvénient de ne pas être adaptée spécifiquement à l'entreprise, à son profil et à ses contraintes.

4.2. L'approche par les activités

On retient alors la structure de l'organisation et c'est par le découpage et l'analyse de chaque activité et processus que l'on identifie les événements porteurs de risques. Cette méthode a les avantages et les inconvénients inverses de la précédente : pas de regroupement par catégories universelles, et l'on se prive là d'une facilité, mais au contraire un schéma dans lequel les intéressés seront à l'aise puisque c'est leur cadre de travail.

Le meilleur procédé est alors, à coup sûr, le groupe de travail qui permet un brainstorming toujours enrichissant.

L'idéal est dans la constitution d'ateliers composés de personnes appartenant à des niveaux hiérarchiques différents et à des fonctions diverses. On doit alors prendre soin de prévoir un animateur compétent et de définir au préalable les règles de fonctionnement.

Ce mode de fonctionnement permet d'aller beaucoup plus loin dans la recherche des risques improbables. Il faut en effet ne jamais se cacher derrière la notion de risque imprévisible. « Le tsunami était imprévisible », ou encore « l'éruption du volcan était imprévisible » sont des expressions qui sont incompatibles avec une bonne gestion des risques.

Un risque imprévisible n'est jamais inimaginable. On peut toujours imaginer, sinon l'événement, à tout le moins les signes précurseurs qui alertent[1]. Identifier les événements à risques potentiels c'est toujours faire preuve d'imagination et c'est toujours le pire des scénarios qu'il faut envisager. D'où l'importance des plans de crise dont nous parlerons avec les procédures.

Il faut garder présent à l'esprit que les méthodes sont multiples mais que, sur le fond, on poursuit toujours le même but : parvenir à une sorte d'inventaire des risques réels ou potentiels quel que soit le classement adopté.

Cet inventaire est à réaliser pour chacun (et par chacun), la consolidation de l'ensemble constituant le premier élément de la cartographie des risques de l'entreprise. Il appartient au *risk manager* de coordonner les actions et de veiller à l'indispensable cohérence.

Cette démarche est nécessairement préalable à l'évaluation des risques ; nous allons l'analyser dans son ensemble.

5. L'ÉVALUATION DES RISQUES

Cette dimension qui figurait déjà dans le COSO 1 reste le pivot de la démarche de gestion globale du risque jugée indispensable pour la mise en œuvre d'un bon contrôle interne.

Elle implique une claire définition de la notion de risque et achève l'établissement de la cartographie dès l'instant que chaque risque aura été évalué.

---

1. Renard J., « À propos d'un éditorial », *Audit et contrôle internes*, n° 206, septembre 2011.

5.1. La notion de risque

5.1.1. Les définitions

> « Le risque c'est la menace qu'un événement ou une action ait un impact défavorable sur la capacité de l'entreprise à réaliser ses objectifs avec succès.[1] »

Les définitions ne manquent pas. Citons encore celle de l'IFACI :

> « Ensemble d'aléas susceptibles d'avoir des conséquences négatives sur une entité et dont le contrôle interne et l'audit ont notamment pour mission d'assurer autant que faire se peut la maîtrise.[1] »

La définition de France Telecom étant :

> « Un risque se définit comme tout événement, action ou inaction de nature à empêcher une organisation d'atteindre ses objectifs. »

Elle rappelle celle du COSO 2 :

> « Un risque représente la possibilité qu'un événement survienne et nuise à l'atteinte des objectifs. »

Dans tous les cas, ces définitions mettent en avant, directement ou indirectement, la notion d'objectifs, critère à retenir pour sélectionner les risques dont il convient de se préoccuper.

Mais rappelons que cette appréciation est à faire par chacun à son niveau de responsabilité. Les risques à éviter d'un directeur d'usine ne seront pas les mêmes que ceux du chef magasinier puisqu'ils n'ont pas les mêmes objectifs, même si les risques supportés par le premier colorent en partie ceux du second. Mais in fine ils ne vont pas organiser leur travail de la même façon et donc ils ne vont pas avoir le même dispositif de contrôle interne.

En tout état de cause, il ne saurait être question d'éliminer tous les risques. Le risque est inhérent à chaque activité (on parle alors de risques « spécifiques ») d'où la nécessité de ségréger les bons et les mauvais.

---

1. Vincenti Dominique, « Dresser une cartographie des risques », *Audit*, n° 144.
2. IFACI, *Les mots de l'audit*, Éd. Liaisons.

5.1.2. La typologie

Elle est multiple et l'on peut la classer de différentes façons :

- *par origine* : risques externes (catastrophes naturelles, concurrence imprévue, défaut de livraison, troubles sociaux...) et risques internes (incident informatique, incendie, erreur comptable, formation insuffisante...) ;
- *par nature* : risques financiers, risques techniques, risques informatiques, risques sociaux...

Certains préconisent une analyse en trois temps :
- l'analyse de l'exposition, c'est-à-dire l'identification des risques qui peuvent affecter les actifs,
- l'analyse de l'environnement, c'est-à-dire l'identification des risques qui peuvent affecter les opérations,
- l'examen des scénarios de menace, c'est-à-dire l'identification des risques attachés à la fraude, aux catastrophes, aux accidents, à la malveillance ;
- *par localisation géographique* : risques du siège social, risques en usine, risques dépôts, risques filiales ;
- *par importance résiduelle* : risques spécifiques (ou inhérents) avant toute action, risques de contrôle interne (risques résiduels après traitement du risque, c'est-à-dire mise en place de dispositifs de contrôle interne), risques d'audit (risques résiduels après le passage des auditeurs internes).

Il importe donc de veiller à ne pas utiliser simultanément plusieurs critères de classement : un classement par origine au niveau direction et un classement par nature au niveau opérationnel, par exemple. Ce serait se condamner à des oublis ou à des doubles emplois et rendrait difficile les comparaisons et la mesure des évolutions. Mais on peut les marier à condition de procéder partout de façon identique, par exemple :

- identifier les risques résiduels ;
- les classer par origine ;
- puis les classer par nature dans chaque origine.

L'ensemble constitue une nomenclature, étape essentielle de la cartographie.

5.2. Nomenclature et évaluation

Pour évaluer les risques afin de pouvoir ultérieurement les traiter, il faut au préalable les mettre en ordre. Plusieurs acteurs interviennent à ce stade et il n'y a pas de méthode uniforme.

5.2.1. *Acteurs et méthode*

Dans l'élaboration d'une cartographie, les acteurs sont au nombre de trois.

En premier lieu, *le risk manager*, s'il existe : il possède, outre la technique, la connaissance de l'entreprise. De plus, c'est lui qui a élaboré la politique de risques et l'a soumise à la direction, c'est dire qu'il la connaît bien et est en mesure d'en estimer les incidences éventuelles. C'est donc lui le chef d'orchestre. Il va être l'initiateur de la démarche et de son renouvellement. Il recense les informations, construit la cartographie et veille à sa mise à jour.

En deuxième lieu, *la communauté des managers opérationnels*. Ce sont eux qui dialoguent avec le *risk manager*, lui apportent les informations et attirent son attention sur les points sensibles. En pratique, ce dialogue se fait à plusieurs, si possible avec les collaborateurs directs du manager consulté ; ce sont eux qui connaissent le mieux les risques de leur activité.

En troisième lieu, *les auditeurs internes* qui apportent en complément leurs observations et disposent pour ce faire des techniques d'audit et d'un savoir-faire spécifique. Ce sont eux qui apprécient la qualité de la cartographie avant la version définitive. Mais, en principe, ils ne participent pas à l'élaboration, sauf le cas (et qui est souvent celui des entreprises moyennes) où il n'y a pas de *risk manager*. C'est alors l'audit interne qui, avec les moyens du bord, ainsi que nous le verrons, esquisse une cartographie. Il le fait alors en général avec une méthode plus simple, donc plus approximative que celle du *risk manager* qui utilise des techniques plus approfondies.

Dans toutes ces techniques d'appréciation, l'écueil que doit éviter le *risk manager* serait de ne considérer que « les risques du donjon » en négligeant « les risques des champs ». Rattaché à la direction générale, il peut en effet être influencé par les préoccupations de cette dernière au point d'en oublier le reste. Or, il doit impérativement veiller à ce que la cartographie puisse s'articuler avec le contrôle interne puisque c'est à partir des risques ainsi identifiés que vont se mettre en place les dispositifs protecteurs.

Pour y parvenir, on s'est interrogé sur la meilleure démarche. Faut-il en premier lieu identifier les risques stratégiques de la direction générale, puis descendre par paliers successifs au niveau opérationnel le plus bas ? Cette démarche a le mérite de permettre à chacun de prendre en compte les risques majeurs identifiés dans la gestion de son activité et dans la mesure où ils sont susceptibles d'avoir une incidence.

Ou au contraire faut-il commencer par le bas et remonter la ligne hiérarchique en enrichissant les risques de chacun à l'aide des observations de l'échelon subalterne ?

En d'autres termes : « top down » ou « bottom up » ?

La réponse est : les deux.

Il convient en effet de commencer par le sommet afin que tous soient irrigués par les préoccupations de la direction et observent s'il n'y a pas une incidence dans leur activité. Ces préoccupations de la direction, ce sont les risques stratégiques qu'on ne peut oublier à tous les échelons subalternes. Si la direction a identifié un risque majeur d'espionnage industriel, le chef magasinier et les responsables de la fabrication, tout comme le chef du personnel, auront à le prendre en compte dans leurs dispositifs de contrôle interne. La difficulté est d'identifier ces risques stratégiques et de les formuler clairement. Le Forum de Davos de 2012 est venu au secours des chefs d'entreprise en élaborant une cartographie des risques mondiaux : gestion de l'eau, crise alimentaire, volatilité des prix de l'énergie... à chacun d'y puiser ce qui est susceptible de le concerner.

Ensuite, et dans un second temps, on fera remonter les informations relatives aux risques de chacun afin que la direction soit informée et examine s'il n'y a pas des incidences insoupçonnées au départ, sur ses propres analyses.

Les méthodes et principes étant définis, il faut évaluer les risques pour les prendre en compte en fonction de leur importance ; celle-ci devant toujours s'apprécier dans le cadre de l'activité qui les génère. À côté de l'évaluation traditionnelle, il y a celle, plus spécifique, de l'audit interne.

5.2.2. Évaluation traditionnelle

Elle est réalisée en général par le *risk manager* mais peut aussi être le fait du contrôleur interne ou du responsable opérationnel comme première étape de leur appréciation du contrôle interne, ainsi qu'il sera vu dans la partie 4.

Selon l'importance de la fonction de *risk management* dans l'entreprise, on utilise des techniques plus ou moins sophistiquées mais qui toutes reposent sur des bases estimatives. Nous ne sommes pas dans le domaine de la certitude et il convient d'avoir toujours le souci d'affiner l'évaluation.

- **Première étape : élaboration d'une nomenclature**

  On doit établir une nomenclature générale de toutes les natures de risques susceptibles d'être rencontrées dans l'organisation. Cette nomenclature élémentaire sert de support aux nomenclatures détaillées qui seront établies à l'usage de chacun du haut en bas de la hiérarchie. Elle est une sorte d'aide-mémoire, une référence universelle à partir de laquelle le *risk manager* et les opérationnels vont décliner les risques spécifiques de l'entreprise et de ses activités. Elle permet également d'obtenir des analyses cohérentes et comparables puisque déclinées sur le même modèle.

Illustration

Exemple d'une nomenclature générale :
- risques financiers ;
- risques technologiques ;
- risques matériels ;
- risques de transport ;
- risques informatiques ;
- risques commerciaux ;
- risques juridiques ;
- risques judiciaires ;
- risques sociaux ;
- risques politiques ;
- etc.

À partir de là, on va, par exemple, identifier les risques existant dans un processus Achats :
- risques juridiques :
  - contrat non valide,
  - clauses abusives ou illégales ;
- risques techniques :
  - achat de matériels ou produits non conformes ou dangereux,
  - accidents à la livraison ;
- risques commerciaux :
  - clients non satisfaits par le produit acheté ;
- risques informatiques :
  - erreurs dans le calcul des stocks mini/alertes non déclenchées,
  - retards dans la production informatique des commandes,
  - confusions sur les références ;
- risques financiers :
  - mauvaise mise en concurrence,
  - ententes des fournisseurs,
  - malversations.

Observations :
- ces exemples ne sont pas exhaustifs ;
- ils concernent le risque intrinsèque, à charge pour les responsables de définir le risque résiduel (s'il existe), c'est-à-dire la réalité du terrain qui est, en principe, à améliorer.

Mais on peut aussi avoir plusieurs nomenclatures, par exemple une pour les risques stratégiques, une pour les risques opérationnels et une pour les risques financiers ; on définit ainsi des profils de risques par grandes caté- gories[1] et dont on s'inspire pour ensuite rentrer dans le détail.

- Seconde étape : estimation

  Cette appréciation va porter sur deux points :
  - l'impact du risque, c'est-à-dire la gravité ;
  - la fréquence estimée, c'est-à-dire la vulnérabilité.

  Elle peut être qualitative ou quantitative :

  L'appréciation qualitative

  Elle conduit à affecter l'impact et la fréquence de chaque risque d'une estimation, en général à trois ou cinq degrés :
  - faible (F) ;
  - moyen (M) ;
  - important (I) ;

  Ces appréciations cumulées sont visualisées sur un graphique à double entrée :
  - impact et fréquence importants : risque important (cases 2, 3, 6) ;
  - impact et fréquence faibles : risque faible (cases 4, 7, 8) ;
  - impact important et fréquence faible ou impact faible et fréquence importante : risque moyen (cases 1, 5, 9).

Impact/Fréquence

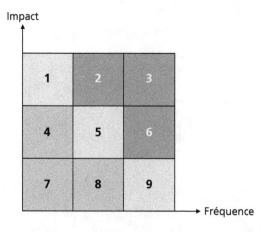

_____

1. IIA/IFACI, Manuel d'audit interne, IIA Research Foundation.

Or cette représentation est dangereuse.

En effet, peu importe que le risque n'ait qu'une fréquence de l'ordre du siècle, si l'impact est élevé c'est toujours un risque important car il peut arriver demain.

Donc impact élevé = risque grave, dans tous les cas : la zone 1 du dessin devrait être classée en risque important.

L'explosion d'une centrale nucléaire a beau n'être appréciée qu'avec une fréquence rarissime, le risque est toujours très élevé et doit être pris en compte avec la plus grande attention. Les assureurs le savent bien, qui calculent leur prime en fonction de ce qu'ils nomment le SMP (le sinistre maximum possible), c'est-à-dire en appréciant la gravité maximum possible quelle que soit la fréquence estimée.

Cela dit, il ne faut pas non plus sous-estimer l'impact du cumul, la fréquence pouvant alors conduire à un accroissement de la gravité. D'ailleurs, la fréquence est souvent fonction de la vulnérabilité et il importe de connaître les facteurs possibles de vulnérabilité qui vont accroître la fréquence comme indiqué un peu plus loin. On peut citer :

- le recrutement ou le turn-over du personnel : le changement d'hommes crée toujours un risque, au moins dans les premiers temps ;
- la refonte du système d'information qui fait traverser une période où l'information devient fragile et aléatoire. Il en est de même lorsqu'on introduit de nouveaux logiciels ;
- les périodes de croissances rapides ou de brusques récessions : elles modifient comportements, habitudes et méthodes. Tant que le nouvel équilibre n'est pas atteint, on traverse une phase d'incertitudes ;
- les décentralisations, les restructurations, les déménagements sont également des moments de désorganisation propices à tous les dérapages ;
- également, toutes les modifications un tant soit peu brutales de l'environnement opérationnel qui augmentent la vulnérabilité : nouveau procédé de fabrication, nouveaux fournisseurs, modifications dans l'approvisionnement des matières premières : tous ces facteurs sont à prendre en considération dans l'appréciation qualitative.

Dans le même ordre d'idées, on appliquera avec la plus grande prudence la maxime de Jules César « de minimis non curat praetor[1] » : un simple détail peut aussi être porteur de grands risques.

---

1. « Le chef ne se préoccupe pas du détail. »

L'appréciation quantitative

Elle est de même nature que la précédente mais s'appréciant avec des chiffres, elle offre davantage de possibilités :

– elle autorise une appréciation avec une plus grande échelle ;

– elle permet, en multipliant les deux coefficients (fréquence et gravité) d'obtenir un coefficient total chiffré. En additionnant tous les coefficients de risque d'une activité, on peut alors avoir une appréciation du risque global.

Ces appréciations sont à faire pour le risque inhérent, puis pour le risque résiduel à partir de la situation réelle. Il est alors possible de faire des comparaisons et de mesurer des évolutions.

Notons qu'il existe de nombreux logiciels qui, avec des modalités de classement diverses, permettent au *risk manager* et aux responsables d'obtenir des cartographies complètes avec de multiples regroupements et mises à jour faciles. Dans les grandes entreprises, on s'efforce de réaliser des cartographies avec des outils spécialisés permettant d'établir des liens avec les processus métiers afin de bien impliquer les responsables opérationnels.

L'exemple ci-dessous, volontairement simplificateur, est à vocation pédagogique.

Illustration

En reprenant l'exemple précédent de l'appréciation des risques dans le processus achats et en adoptant une valorisation de 1 (faible) à 5 (important), on aura par exemple :

impact × fréquence =

• risques juridiques : $2 \times 3 = 6$
• risques techniques : $5 \times 2 = 10$
• risques commerciaux : $1 \times 2 = 2$
• risques informatiques : $3 \times 3 = 9$
• risques financiers : $4 \times 2 = 8$

Au total, le coefficient de risque du processus achats est égal à 35.

À partir de là, on pourra mesurer son évolution dans le temps et le comparer au coefficient d'autres activités.

Compte tenu de ce qui a été dit sur la primauté du coefficient « impact », on pondérera éventuellement les chiffres des risques techniques et financiers.

Cette cartographie des risques, initiée par le COSO 2 dans le cadre de la gestion globale des risques, va constituer le socle à partir duquel, nous le verrons, les responsables vont construire leurs dispositifs de contrôle interne.

Il existe plusieurs méthodes et en particulier les méthodes probabilistes qui se fondent sur l'historique, ce n'est pas sans inconvénients ainsi que déjà souligné dans « l'identification des événements ».

En effet, il faut se méfier des évaluations faites à partir des statistiques : l'histoire ne se répète jamais et projeter le passé dans l'avenir n'a jamais conduit nulle part sauf à refaire la guerre de 1914 en 1940 ! Donc, fuyons :

- les évaluations à partir des pertes annualisées estimées ;
- les évaluations à partir des pertes annualisées constatées ;
- les évaluations à partir des pertes annualisées et extrapolées ;
- les évaluations à partir des pertes moyennes annualisées et constatées.

Rien ne remplace la concertation entre personnes averties et compétentes. Ce qui signifie également qu'il convient de se méfier de l'utilisation de logiciels sans concertation aucune avec les gestionnaires.

On a parfois tenté d'y substituer des méthodes non probabilistes qui se contentent d'estimer l'impact possible d'hypothèses d'événements à venir. Mais là encore, l'écueil est que l'on reste dans l'improbable en donnant l'illusion d'une quasi-certitude.

Il faut se résigner à l'incertitude et tenter de la juguler au mieux par l'échange et le partage d'informations.

5.2.3. *Évaluation par l'audit interne*

L'audit interne a l'obligation de fonder son plan d'audit sur l'évaluation des risques. Lorsqu'il dispose d'une cartographie établie par un *risk manager*, c'est ce document qu'il utilise.

Mais lorsqu'il n'y a ni *risk manager* ni cartographie, il doit faire une estimation des risques des différentes activités pour moduler son plan d'audit. On utilise alors des techniques moins sophistiquées dont la plus connue est la méthode RADAR[1] (Resources of Audit Department Allocated by Risks).

---

1. Renard J., *Théorie et pratique de l'audit interne, op.cit.*

Cette méthode repose sur trois critères :

* L'appréciation quantitative de la gravité chiffrée à partir de trois données :
  – ou bien le budget annuel (pour un processus achats par exemple) ;
  – ou bien le chiffre d'affaires (pour une activité ventes par exemple) ;
  – ou bien la valeur des installations (pour une installation de fabrication par exemple).

Le principe est que si l'unité est susceptible d'être appréciée avec deux ou trois de ces éléments, on retient celui dont la valeur est la plus élevée.

Et à partir de là on détermine : enjeu faible (1), moyen (2) ou élevé (3).

* Le deuxième critère est purement qualitatif : c'est l'appréciation de la vulnérabilité de l'activité concernée, déjà évoquée. Pour la chiffrer, on va examiner tous les facteurs susceptibles d'avoir une incidence sur la vulnérabilité aux risques ; par exemple :
  – l'environnement de travail et la localisation géographique ;
  – la qualité de l'encadrement ;
  – la qualification du personnel ;
  – le climat social ;
  – la complexité du travail, etc.

Là encore, trois niveaux sont possibles : vulnérabilité faible (1), moyenne (2), élevée (3).

Mais la vulnérabilité est toujours estimée comme élevée en présence de zones traditionnellement considérées comme comportant des risques potentiels élevés (manipulation et traitement de fonds ou valeurs, activités industrielles dangereuses…).

* Le troisième critère est le moins aléatoire car c'est l'appréciation du contrôle interne par l'auditeur qui vient de réaliser sa mission. Il est donc en mesure de dire que le contrôle interne est adapté (1), qu'il est insuffisant (2) ou qu'il comporte des lacunes graves (3) ; or on sait que si l'on a un bon contrôle interne, le risque sera minimisé en conséquence.

Au total, le risque de chaque activité est apprécié selon une grille allant de 1, le plus petit risque ($1 \times 1 \times 1 = 1$) à 27, le plus grand risque ($3 \times 3 \times 3 = 27$).

L'important, et quelle que soit la méthode, ce n'est pas le chiffre en valeur absolue, c'est le classement, la valeur relative qui va déterminer le choix à faire dans le traitement du risque. En effet, la gestion globale des risques comporte un quatrième élément en sus des objectifs, de l'identification des événements et de l'évaluation, ce sont les modalités de traitement des risques.

6. LE TRAITEMENT DES RISQUES

Pour prendre en compte les risques dans le contrôle interne, il faut au préalable décider quel traitement on va leur appliquer. Il y a en effet quatre options possibles, dont une seule concerne le contrôle interne, et le choix doit être en cohérence avec la politique de risque qui a été choisie.

6.1. L'évitement

C'est le choix qui consiste à cesser la ou les activités génératrices d'un risque qu'on ne veut plus supporter.

Par exemple, on ne veut plus supporter le risque des accidents de trajet du personnel. On va alors organiser un système de ramassage collectif des salariés.

Ou encore, on ne veut plus prendre le risque d'avoir du personnel contaminé par des sources radioactives (utilisées par exemple pour la radiographie de l'usure des conduites) ; on va alors abandonner la technique concernée au profit d'autres méthodes même si elles sont moins performantes.

6.2. Le partage ou transfert

Cette fois, on ne cherche plus à éviter le risque mais à le minimiser. Pour parvenir à ce but, il existe de nombreuses méthodes. On peut citer :

- l'externalisation ou la sous-traitance : on fait alors réaliser les activités à risque par un tiers rémunéré en conséquence. Cela dit, si l'on souhaite s'exonérer en totalité, on doit veiller à ce que le contrat ne laisse pas subsister des zones de responsabilité, ce qui n'est pas toujours évident à réaliser. Et ce sont souvent les risques les plus graves qui sont les plus difficiles à évacuer ;

- la *joint venture*, qui est un partage contractuel du risque pour une opération déterminée ;

- l'assurance : assurer une activité contre un risque c'est le mutualiser entre la communauté des assurés dont on fait partie. On retrouve une partie du coût du risque dans les primes payées.

Mais, dans tous les cas de figure, il ne faut pas oublier qu'on ne peut jamais s'exonérer de sa responsabilité pénale, laquelle a fortement tendance à être souvent recherchée, surtout dans les accidents les plus graves.

Les grandes entreprises qui ont une société captive d'assurance ou de réassurance prennent en charge par cette technique une part plus grande du risque et se rapprochent ainsi de la troisième option : l'acceptation.

6.3. L'acceptation

On ne prend alors aucune mesure pour s'exonérer du risque considérant qu'il est moins coûteux et/ou plus simple de le supporter s'il se manifeste.

L'acceptation d'un risque doit évidemment, là aussi, être en cohérence avec la politique définie concernant le goût du risque et la tolérance au risque dont on rencontre ici les applications pratiques (voir ci-dessus « Les objectifs »).

Il reste une quatrième option dans le traitement du risque, celle qui nous intéresse le plus.

6.4. La réduction ou suppression du risque

C'est mettre en place des dispositifs de contrôle interne adéquats qui devraient réduire le risque jusqu'à le rendre acceptable s'il se manifeste, ou l'empêcher de se manifester.

Dans cette quatrième option, le management du risque débouche sur le contrôle interne qu'il va contribuer à façonner ; autant dire que ce sera, et de loin, l'option la plus fréquente. Elle consistera, ainsi que nous le verrons en détail dans la troisième partie, à :

• réduire la fréquence par la mise en place de dispositifs de prévention ;
• réduire l'impact par la mise en place de dispositifs de protection.

Le choix entre ces quatre options de traitement du risque est bien évidemment fonction de la politique choisie. Il serait au plus haut point néfaste que cela résulte de la seule décision des gestionnaires pour la partie qui les concerne et sans concertation aucune. Ce doit être la mise en pratique d'une politique choisie et coordonnée.

Ce qu'il faut retenir

Le COSO 2 complète efficacement le COSO 1 sur un domaine laissé en déshérence : « le management des risques » ; à telle enseigne qu'au risque de créer des confusions, on l'a nommé ainsi alors qu'il se situe dans la droite ligne du COSO 1.

Pour envisager d'élaborer un contrôle interne rationnel, il faut en effet avoir réglé dans sa globalité le problème du risque, puisque c'est en fonction de lui que se construira le contrôle interne.

Le symbole graphique du COSO 2 (le cube) met en relief le caractère universel d'un contrôle interne et identifie huit composantes ou éléments en substituant à la simple évaluation du risque les quatre éléments d'une gestion globale (ERM) :
- les objectifs : il faut définir une politique de risque et singulièrement les notions d'appétence et de tolérance afin que chacun connaisse les limites à partir desquelles il doit agir et faire échec aux risques ;
- l'identification des événements : pour combattre les risques, il faut les connaître : risques inhérents et risques résiduels ;
- dès l'instant où l'on a identifié les risques, il faut les évaluer pour les situer. Les méthodes d'évaluation sont nombreuses, qualitatives ou quantitatives et retiennent le plus souvent une combinaison de la fréquence et de l'impact. Mais il faut se garder des calculs trop simplistes ;
- pour traiter les risques ainsi identifiés et évalués, quatre options sont possibles : l'évitement, le partage, l'acceptation ou la réduction/suppression. C'est cette dernière option qui conduit à l'aménagement du contrôle interne.

Chapitre 3

Autres référentiels

Ils s'inspirent tous du COSO mais le complètent ou le précisent. Les plus significatifs sont le CoCo canadien (Comité sur les critères de contrôle 1991/1994), le Turnbull guidance anglais (1999) et le référentiel de l'AMF français (Autorité des marchés financiers 2008). Ainsi, en vingt ans, le contrôle interne est entré au rang de préoccupation majeure pour de nombreux pays et nous en verrons les incidences au niveau des législations au chapitre suivant.

Certes, les redites et répétitions ne manquent pas, et parfois même les contradictions. Mais au fil des ans, la doctrine s'affine et se précise qui va de pair avec une amélioration significative des principes de gestion.

1. LE COCO

Au plan des principes, ce référentiel s'appuie sur le COSO. La définition qu'il donne du contrôle interne (voir introduction) insiste sur la notion de relativité et évoque l'infinité des dispositifs concernés. À partir de là, le contrôle interne est décrit plus comme un ensemble d'actions que comme un ensemble de principes.

1.1. Les quatre éléments du CoCo

Les auteurs considèrent que le contrôle interne, pour passer dans l'action, doit s'articuler autour de quatre éléments interconnectés :

- les objectifs et l'orientation (on pourrait dire la stratégie) : on doit connaître le but à atteindre ;

- l'engagement et l'éthique : l'action doit obéir à des principes ;
- la capacité et la formation : on doit se donner les moyens d'agir ;
- la surveillance et l'apprentissage : l'action doit être encadrée et accompagnée.

L'énoncé de ces quatre éléments n'est que la transposition des conditions nécessaires à la réalisation d'une tâche. En effet, toute personne devant réaliser un travail doit être guidée par le but à atteindre, avoir la capacité pour y parvenir, travailler conformément à des principes et être accompagnée pour gérer sa performance.

Nous retrouverons ces quatre éléments dans l'analyse des dispositifs de contrôle interne.

Par souci de réalisme, le CoCo a accompagné ces éléments d'une série de 20 propositions pratiques qui s'articulent autour des quatre éléments et sont autant de thèmes à ne pas oublier lorsqu'on met en place un système de contrôle interne et lorsqu'on veut l'apprécier.

1.2. Les vingt propositions

1.2.1. Objectif et orientation

1. Avoir des objectifs connus et communiqués.
2. Identifier les risques pouvant nuire aux objectifs.
3. Disposer de politiques définies pour réaliser les objectifs et gérer les risques.
4. Avoir des plans pour y parvenir.
5. Les communiquer aux personnes concernées.

1.2.2. Engagement et éthique

1. Partager les mêmes valeurs éthiques et les porter à la connaissance de tous.
2. Avoir une politique RH respectant éthique et objectifs.
3. Avoir des critères d'autorité et de responsabilité clairement définis.
4. Faire régner une atmosphère de confiance mutuelle.

1.2.3. Capacité et formation

1. Disposer des connaissances suffisantes pour atteindre les objectifs.
2. Mettre en place une communication adéquate.

3. Communiquer aux personnes concernées l'information suffisante et nécessaire pour qu'elles puissent assumer leurs responsabilités.

4. Assurer la coordination des décisions et actions.

5. Mettre en place des activités de contrôle intégrées à l'organisation et prenant en compte les objectifs et les risques attachés.

1.2.4. Surveillance et apprentissage

1. Gérer et surveiller l'environnement interne pour être alerté en temps utile.

2. Disposer d'indicateurs pour gérer la performance conformément aux objectifs.

3. Réviser périodiquement les objectifs.

4. Analyser les besoins en systèmes d'information et identifier les déficiences.

5. Disposer de procédures de suivi pour les actions en cours.

6. Procéder à des révisions périodiques par le management de la qualité du contrôle interne et communiquer les résultats.

Ces vingt propositions s'accompagnent d'un échantillon de questions permettant d'explorer les différents sujets.

Le CoCo reprend donc des thèmes et sujets déjà rencontrés mais avec une approche pratique qui peut être très utile à la compréhension des concepts et à leur mise en œuvre.

Nous retrouverons ces différents aspects dans l'analyse des dispositifs de contrôle interne (partie 3).

2. LE TURNBULL GUIDANCE

Développé en 1999 par The Institute of Chartered Accountants de Grande-Bretagne et révisé en 2004, le Turnbull guidance se propose d'aider les organisations à mettre en œuvre les contrôles internes requis par le Combined Code de gouvernance des entreprises.

Reprenant l'essentiel des notions déjà évoquées, il se singularise sur deux points :

- une coloration financière accentuée qui s'explique par ses origines ;
- un accent important porté sur le rôle du conseil d'administration et des organes dirigeants.

Il est précisé en particulier que le système de contrôle interne doit :

- être intégré dans les activités de l'entreprise et ne pas être traité comme un exercice à part ;

- pouvoir répondre à l'évolution des risques au sein et en dehors de l'entreprise ;
- permettre à chaque organisation de l'adapter à ses risques spécifiques.

Le premier de ces principes est essentiel. Il souligne que le contrôle interne ne saurait être traité comme une activité/fonction. Il est une composante de chaque activité.

Les deux derniers points mettent en évidence la nécessaire adaptabilité du contrôle interne et l'exigence de sa mise à jour permanente.

Le Turnbull guidance propose plus une infrastructure générale qu'une série de règles. Il ne spécifie pas des contrôles définis mais invite les Conseils d'administration des entreprises cotées à identifier les risques importants et donc à avoir une vision claire et précise des objectifs. Il est en cela particulièrement réaliste. Reprenant une notion évoquée dans les chapitres précédents, il invite à définir l'appétit pour le risque afin de créer un système de contrôle interne réaliste et efficace.

Cette efficacité est soulignée en recommandant l'attention qu'il convient de porter au manque éventuel de motivation du personnel : chacun est concerné par les risques spécifiques de son secteur et donc par le contrôle interne.

Le Turnbull guidance souligne la double exigence de la vision d'ensemble de la direction et des connaissances opérationnelles approfondies des exécutants. Ce sont les deux approches qui permettent de prendre en compte l'ensemble des risques et de construire un contrôle interne adapté. On donne comme exemples :

- risques de marché ;
- risques technologiques ;
- risques liés aux poursuites judiciaires ;
- risques liés à la sécurité du travail ;
- risques liés à l'environnement ;
- risques liés à l'image et à la probité.

Il appartient alors au conseil d'administration de définir la stratégie de contrôle à privilégier dans chaque cas et, plus généralement, de préciser le traitement du risque comme indiqué dans les développements du COSO 2.

On insiste également sur un point qui est, de fait, fondamental : adapter le contrôle interne à la culture et aux méthodes de travail. Pour ce faire, le document donne quelques conseils pratiques, particulièrement bien-venus :

- éviter les bases de données universelles, lourdes à gérer et trop souvent inadaptées ;
- éviter les modèles « prêt à appliquer », non appropriés, et privilégier le « sur-mesure » ;
- faire prendre conscience de l'enjeu par le personnel : tous sont concer-nés ;
- assurer une bonne communication entre tous ;
- toujours impliquer le Conseil d'administration qui doit être régulière-ment informé et doit avoir connaissance de l'évolution des indicateurs.

Autant de conseils que nous ne cessons de répéter.

Le Turnbull guidance a donc enrichi et complété les cadres de référence précédents et, ce, dans l'esprit d'un guide pratique ayant pour but de :

- susciter une bonne pratique professionnelle avec un contrôle interne intégré dans le cadre d'objectifs clairement définis ;
- rester toujours applicable dans un environnement en constante mutation ;
- permettre à chaque entreprise d'en tirer profit quelles que soient sa situation et ses spécificités.

En France, l'Autorité des marchés financiers va réaliser une véritable syn-thèse.

3. Le référentiel de l'AMF

C'est en application des réglementations existantes et en constatant l'absence d'un référentiel unanimement admis sur le contrôle interne que l'Autorité des marchés financiers (AMF) a constitué un Groupe de place (auquel a participé l'IFACI) afin d'élaborer un référentiel de contrôle interne à l'usage des sociétés françaises. Il a été mis à jour en juillet 2010 en insis-tant sur le retour d'expériences et en rappelant l'exigence d'un objectif.

S'inspirant des travaux du COSO et du Turnbull guidance, et capitalisant l'acquis, l'AMF a pu réaliser un remarquable travail de synthèse qui prend en compte les exigences législatives et réglementaires et constitue l'état de l'art le plus achevé à ce jour. Ce cadre de référence retient les cinq élé-ment du contrôle interne du COSO 1 ; il en reprend les principes géné-raux en les complétant et les affinant, et s'enrichit de deux questionnaires (comptable et financier et sur la maîtrise des risques) et d'un guide d'application. C'est dire qu'on est en présence d'un document pratique et non d'une exégèse théorique.

Illustration

Extrait du Guide d'application du référentiel AMF relatif au processus achats/fournisseurs

Le processus achats est organisé et formalisé dans le cadre de procédures applicables par tous les acteurs concernés.

Il existe une séparation des fonctions de passation et d'autorisation des commandes, de réception, d'enregistrement comptable et de règlement des fournisseurs.

Les achats importants font l'objet d'une commande formalisée, validée par une personne autorisée.

Il existe un suivi et un rapprochement entre les bons de commande, les bons de réception et les factures (quantité, prix, conditions de paiement). Les anomalies éventuelles font l'objet d'une analyse et d'un suivi.

Il existe un dispositif permettant d'éviter le double enregistrement/paiement des factures fournisseurs.

Il existe un contrôle des avances sur factures fournisseurs (autorisation, suivi, imputation).

Il existe un suivi des réceptions refusées/litiges et un contrôle de la comptabilisation des avoirs fournisseurs.

La gestion des règlements fournisseurs fait l'objet de contrôles par une personne indépendante et autorisée.

Les comptes fournisseurs font l'objet d'un examen et d'une justification périodiques (exhaustivité, exactitude).

On voit à quel point ce guide est pratique : il conduit directement et dans chaque cas à la définition des dispositifs de contrôle interne ; même si parfois la précision est insuffisante (par exemple : quel est le critère d'un achat « important » ?) ou s'il y a des omissions (ici : procédure d'appels d'offres).

D'ailleurs, les rédacteurs ont pris soin de préciser qu'il s'agit d'un « outil » ; en conséquence de quoi on ne peut l'imposer, chaque entreprise ayant ses spécificités. On affirme également le caractère universel du contrôle interne : « Le contrôle interne ne se limite pas à un ensemble de procédures, ni aux seuls processus comptables et financiers ». Voilà qui est dit, et bien dit.

En effet, on ne doit pas confondre le contrôle interne avec la définition de la stratégie, qui est du ressort de la direction générale, ni avec la gestion du risque (même si elle est le préalable indispensable) qui est du ressort du *risk manager* et des responsables opérationnels, ni même avec le suivi de la performance qui est du ressort du contrôle de gestion.

Le contrôle interne est l'affaire de tous et on définit le rôle que chacun doit jouer. On cite le nom des contrôleurs internes (voir partie 1, chapitre 3) mais sans mentionner la possible existence d'un contrôleur interne central.

Dans le même temps, on n'omet pas de souligner les limites du contrôle interne et donc sa relativité.

Le cadre de référence de l'AMF reprend, mais avec des compléments et développements enrichissants, les conditions permanentes pour un bon contrôle interne (ou objectifs généraux, voir partie 1, chapitre 2) et les composantes du COSO 1.

3.1. Les objectifs généraux

* **Conformité aux lois et règlements**

  Le référentiel AMF met en tête cette exigence de conformité, ce qui est naturel venant de la part de l'Autorité des marchés financiers. On souligne que pour que cette conformité puisse être respectée, il est nécessaire que les personnes concernées soient informées en temps utile, non seulement du texte mais aussi de ses modifications. Cette informations sur les dispositions à respecter implique évidemment une certaine formation des intéressés. Toutes ces exigences sont autant de dispositifs de contrôle interne qu'il y a lieu de prévoir et d'organiser.

* **Application des instructions de la direction**

  Cette disposition n'est pas intégrée à la précédente (à la différence du COSO), sans doute pour souligner, à juste titre, la prééminence de la loi.

* **Assurer un bon fonctionnement des processus internes**

  Et en particulier pour ceux concernant les actifs. On retrouve la préoccupation majeure de la protection des actifs, avec tout le sens qu'il convient de donner à ce mot.

  Le référentiel précise une fois de plus que tous les processus sont concernés, qu'ils soient « opérationnels, industriels, commerciaux ou financiers ». Et l'on ajoute que pour assurer une bonne gestion, il est indispensable que soient définis les principes de fonctionnement et mis en place des indicateurs de performance et de rentabilité ; toutes choses dont nous parlerons dans la partie 3 de cet ouvrage.

- **Garantir la fiabilité des informations financières**

  Et là, le référentiel va jusqu'à évoquer les dispositifs à mettre en place : séparation des tâches, descriptions de fonctions, etc.

3.2. Les composantes

Si l'on retrouve les mêmes données que pour le COSO (sauf qu'on ne parle pas de la gestion globale du risque), le classement en est différent et l'on sent bien que les préoccupations sont d'un autre ordre. Mais l'ensemble constitue une richesse, et il convient de ne rien oublier.

Le référentiel insiste sur la nécessité d'une éthique avant de retenir cinq éléments :

- une organisation : elle implique une définition des pouvoirs et responsabilités, et également des ressources adéquates avec une politique des ressources humaines adaptée ;
- une diffusion en interne des informations pertinentes et fiables pour chacun dans son poste de travail ;
- un système d'identification des risques : recensement, analyse et procédure de gestion ; on situe bien le préalable indispensable au contrôle interne, mais sans aller jusqu'à la description complète du COSO 2 ;
- des activités de contrôle pour réduire les risques ;
- une surveillance permanente pouvant s'appuyer sur l'audit interne.

On retrouve bien les composantes du COSO avec cette différence que l'environnement de contrôle est de fait assimilé à des problèmes d'organisation, ce qui en réduit la portée.

Mais sur bien des aspects, le référentiel de l'AMF est plus riche et va plus loin, en particulier en soulignant le rôle de l'audit interne qui évalue le contrôle interne, fait des recommandations pour l'améliorer et contribue à sensibiliser et à former l'encadrement.

Au total, il convient donc d'additionner les différents référentiels pour ne rien omettre, même si le dernier d'entre eux contient l'essentiel.

D'autres référentiels ont vu le jour mais se rapportent plus à la gestion de risques, stricto sensu, qu'au contrôle interne, et sont très souvent en relation avec les activités d'assurance. On peut citer : le FERMA (référentiel de l'AMRAE), l'IRM (Institute of Risk Management), l'AIRMIC (Association of Insurance and Risk Managers) et également le COBIT spécialisé sur le contrôle interne des systèmes d'information.

Ce qu'il faut retenir

D'autres référentiels complétant le COSO sont venus apporter des compléments ou préciser des éléments déjà esquissés. Ils confirment la nécessité de disposer d'une référence qui soit au plus près de la culture et des réglementations.

1. Le CoCo : référentiel canadien

Il définit quatre éléments constitutifs du contrôle interne : les objectifs, l'éthique, la formation et la surveillance. Ils sont en fait les quatre éléments qui entourent la réalisation d'une tâche si l'on veut qu'elle soit bien accomplie.

Le CoCo complète son analyse et lui donne un caractère pratique en déclinant ces quatre éléments sous la forme de vingt propositions qui sont autant de dispositifs de contrôle interne ou de familles de dispositifs.

C'est donc avant tout un document pratique.

2. Le Turnbull guidance : référentiel britannique

Il propose non pas une série de règles mais une infrastructure générale de ce que doit être un contrôle interne. Il s'appuie sur les risques et souligne le rôle déterminant du Conseil dans le choix du traitement. En cela, il retient les enseignements du COSO 2.

Il souligne lui aussi la nécessaire adaptation à la culture et au changement.

3. Le référentiel AMF : référentiel français

C'est le dernier et sans doute le plus abouti. Il rappelle l'universalité du contrôle interne qui ne se limite pas à la sphère financière et souligne le rôle des responsables opérationnels.

Il définit des objectifs généraux :

– se conformer aux lois et règlements ;
– appliquer les instructions de la direction ;
– assurer un bon fonctionnement des processus internes, tous étant concernés ;
– garantir la fiabilité des informations financières.

Il définit les composantes, en reprenant les éléments du COSO et en les précisant :

– une organisation avec une définition des pouvoirs ;
– une diffusion pertinente des informations ;
– un système d'identification des risques ;
– des activités de contrôle ;
– une surveillance permanente.

Chapitre 4

Règlements et législation

Depuis plusieurs années, la prise de conscience sur le contrôle interne hors du monde de l'entreprise a donné lieu à des réglementations concernant certaines activités et, plus généralement, à des textes législatifs français ou européens qui ont vu l'apparition du concept. Beaucoup de ces textes ont pour mérite essentiel de prononcer le mot et, ce faisant, d'enclencher un processus de prise de conscience devant conduire à terme à l'élaboration de véritables systèmes de contrôle interne. Ce qui explique que ces textes comportent encore souvent des erreurs dues pour la plupart à une conception parfois erronée du contrôle interne. Cela concerne essentiellement les administrations qui ne sont souvent qu'au tout début d'une évolution. Mais l'important est de commencer.

Nous nous limiterons à la réglementation de trois professions : les établissements bancaires, la Sécurité sociale et les sociétés d'assurance. Puis nous passerons succinctement en revue les textes législatifs essentiels.

1. LES PROFESSIONS RÉGLEMENTÉES

1.1. Les établissements bancaires

Devant la diversité des risques attachés à l'activité bancaire et financière, le comité de la réglementation bancaire a imposé dès 1990 aux établissements de crédit de se doter d'un système de contrôle interne spécifique.

Même si les textes, en leur première rédaction, étaient encore imparfaits, ils ont eu le mérite de provoquer une prise de conscience et d'enclencher une évolution.

Le règlement bancaire 90/08 a défini un triple objectif pour le contrôle interne bancaire :

- vérifier la conformité des opérations et procédures avec la réglementation et la déontologie professionnelle ;
- vérifier que les limites fixées en matière de risques bancaires sont strictement respectées ;
- enfin, veiller à la qualité de l'information comptable et financière.

On voit que la préoccupation essentielle étant le respect des règles très strictes imposées aux établissements, c'est tout naturellement que cette considération l'a emportée sur toute autre. Ensuite, on a élargi le spectre.

Le règlement bancaire 97/02 a précisé les éléments devant compléter le dispositif de contrôle interne, et ce pour faire face à la multiplication de risques de plus en plus complexes. Il se veut exhaustif et a pour but de contraindre les banques à rationaliser la gestion de leurs risques.

Les établissements doivent désormais :

- prévoir un système de contrôle des opérations et procédures internes ;
- mettre en place une organisation comptable et de traitement de l'information ;
- disposer de systèmes de mesure des risques et de résultat ;
- organiser un système de surveillance et de maîtrise des risques ;
- organiser un système de documentation et d'information ;
- organiser un système de surveillance des flux d'espèces et des titres.

De plus, le règlement incite à la création de comités d'audit et souligne la nécessité de disposer d'agents réalisant les contrôles permanents et périodiques de la conformité des opérations et ce au niveau central et au niveau opérationnel. On doit en conséquence prévoir la nomination d'un responsable en charge de la conformité.

Le règlement rappelle en outre, en tant que de besoin, les qualités indispensables à un bon contrôle interne :

- l'indépendance… il y a sans doute là une confusion avec l'audit interne ;
- l'exhaustivité des contrôles ;
- la nécessaire compétence du personnel ;
- un réexamen systématique des systèmes en place.

Ainsi, la réglementation bancaire :

- insiste fortement sur l'indispensable maîtrise de la conformité dans le respect des obligations légales ;
- dresse un panorama assez complet des exigences d'un bon contrôle interne, même s'il se cantonne aux principes généraux.

S'y ajoutent les réglementations du comité de Bâle (créé par le comité des gouverneurs des banques centrales du G10) :

- Bâle 1 (1988) instaure un rapport minimal entre les fonds propres détenus par un établissement bancaire et les engagements pondérés en fonction des risques ;
- Bâle 2 (2006) a pour but de s'assurer que les établissements de crédit appliquent des procédures internes efficaces pour calculer l'adéquation de leurs fonds propres sur la base d'une évaluation approfondie des risques. Il intègre la complexité accrue de l'activité bancaire avec une approche non plus seulement quantitative mais aussi qualitative, d'où l'importance du contrôle interne – singulièrement en matière de conformité – pour mieux maîtriser les risques, y inclus les risques opérationnels.

La nouvelle réglementation :

- exige à nouveau un minimum de fonds propres ;
- repose sur des processus de surveillance prudentielle avec évaluation du risque ;
- prévoit une discipline de marché fondée sur la transparence (publications financières) ;
- met en place une véritable gestion du risque.

La réglementation de la Sécurité sociale est en la matière plus succincte.

1.2. La Sécurité sociale

Le Code de la Sécurité sociale institue une réglementation sur le contrôle interne. L'article R. 931-43 énonce en effet : « L'institution est tenue de mettre en place un dispositif permanent de contrôle interne ».

L'essentiel est dit. Il est précisé, pour donner corps à cette obligation, que le conseil d'administration approuve annuellement un rapport sur le contrôle interne.

L'article énumère ensuite les conditions d'organisation des travaux du Conseil et des pouvoirs de la direction, ce qui relève plus de la gouvernance que du contrôle interne. On retrouve la même approximation dans l'énoncé des méthodes du contrôle interne, lesquelles pour l'essentiel se limitent aux méthodes et procédures, ce qui est une restriction du périmètre. Mais on ne peut pas toujours viser juste du premier coup lorsque les concepts sont encore incertains et mal assimilés.

Ainsi le décret recommande-t-il :

* des procédures permettant de vérifier la conformité ;
* des méthodes pour mesurer et évaluer les actifs ;
* un dispositif de contrôle des placements avec une définition des responsabilités ;
* des procédures et dispositifs pour identifier, évaluer, gérer et contrôler les risques ;
* des mesures pour assurer une bonne gestion des sinistres ;
* des procédures d'élaboration et de vérification de l'information financière ;
* des procédures et mesures de contrôle interne sur les risques de blanchiment ;
* et il est précisé que c'est l'agent comptable de tout organisme de Sécurité sociale qui est responsable du dispositif de contrôle interne. On vise donc exclusivement les risques financiers et comptables.

Donc un catalogue qui n'est pas inutile contient des recommandations intéressantes mais ne remplace ni un référentiel logique et complet, ni un guide pratique sur la mise en place des dispositifs de contrôle interne comme il sera esquissé dans la troisième partie.

On trouve des dispositions de même nature et avec les mêmes faiblesses dans le décret du 13 mars 2006 sur les sociétés d'assurance.

1.3. Les sociétés d'assurance

En vertu de l'article R. 336-1 du décret du 13 mars 2006, les sociétés d'assurance sont tenues de mettre en place « un dispositif permanent de contrôle interne » et le Conseil d'administration doit approuver annuellement un rapport sur le contrôle interne.

Cela dit, on énonce un certain nombre d'obligations pas toujours en rapport direct avec le sujet :

* la première partie parle des travaux du Conseil et des pouvoirs de la direction générale, ce qui relève davantage de la gouvernance ;

- la seconde partie énonce un certain nombre de règles :
  - définir les objectifs, la méthode et la position du contrôle interne et prévoir la compétence des équipes en charge de ce sujet ;
  - prévoir une méthode pour mesurer, évaluer et contrôler les placements ;
  - mettre en place un dispositif de contrôle interne de la gestion des placements ;
  - définir des procédures et dispositifs pour gérer et contrôler risques et méthodes relatifs à la conformité ;
  - disposer de mesures pour assurer le suivi de la gestion des placements ;
  - prévoir des procédures de vérification de l'information financière et comptable.

La législation européenne (Solvency 1 et 2, novembre 2009) a accentué les exigences dans le double domaine qualitatif et quantitatif : piliers 1 et 2, ce dernier portant sur le *risk management* et le contrôle interne. Le pilier 3 concerne la transparence.

Les lois, règlements, décrets sur le sujet présentent les mêmes faiblesses : des recommandations partielles, une vision parfois limitée du contrôle interne et même des erreurs d'interprétation sur le sens des mots ou le contenu des concepts. Mais à chaque fois, c'est quand même un progrès car ils signent une prise de conscience et permettent d'envisager des évolutions positives.

2. LES TEXTES LÉGISLATIFS ET RÉGLEMENTAIRES

Nous nous contenterons de les citer brièvement pour mémoire : tout d'abord les directives européennes, puis la loi américaine Sarbanes-Oxley et enfin la législation française.

2.1. Les directives européennes

Trois directives jalonnent notre sujet qui traduisent le progrès remarquable des esprits dans ce domaine.

- **La 4ᵉ directive de 1978** (complétée en 2006)

  Elle concerne essentiellement la structure et le contenu des comptes annuels et du rapport de gestion des sociétés de capitaux.

  À cette occasion, elle précise que le rapport de gestion doit contenir une description des systèmes de contrôle interne et de gestion des risques.

Cette directive a donc le mérite d'associer pour la première fois contrôle interne et gestion des risques, mais elle se limite à une exigence descriptive cantonnée à l'information financière.

- **La 7ᵉ directive de 2002 sur les comptes consolidés**

Elle complète la précédente et évoque plus directement le contrôle interne. Les sociétés faisant appel public à l'épargne doivent faire chaque année une description des caractéristiques des systèmes de contrôle interne et de gestion des risques, dans le cadre du processus d'établissement des comptes consolidés.

- **La 8ᵉ directive de 2006 sur les contrôles légaux des comptes**

Elle précise que chaque entité d'intérêt public sera dotée d'un comité d'audit devant assurer le suivi de l'efficacité des systèmes de contrôle interne, d'audit et de gestion des risques. Elle ne se limite donc pas à l'aspect financier mais va au-delà.

Cette directive est donc particulièrement importante : elle associe les trois éléments de notre sujet : gestion des risques, contrôle interne, audit mais laisse subsister deux questions :

- quels sont les critères d'efficacité du contrôle interne ?
- quelle doit être l'approche du comité d'audit pour s'assurer du respect de ces critères ?

2.2. La loi Sarbanes-Oxley

D'inspiration purement financière et comptable, et s'appliquant à toutes les sociétés cotées à la Bourse de New York et à leurs filiales, cette loi a eu un grand retentissement car les manquements à cette réglementation sont lourdement sanctionnés au plan pénal.

Elle comporte de nombreuses innovations : dans sa section 301, l'obligation de mettre en place un système permettant aux salariés de déposer de façon anonyme des plaintes concernant la comptabilité, le contrôle interne et les méthodes d'audit ; dans sa section 302, elle impose à la direction générale et au directeur financier de certifier l'absence d'erreurs dans les comptes sous peine de sanctions pénales.

Enfin, et surtout, elle exige dans son article 404 que la direction générale engage sa responsabilité sur l'établissement d'une structure de contrôle interne comptable et financière, assortie d'une évaluation annuelle obligatoire et validée par le commissaire aux comptes. Cette exigence est matérialisée par un rapport dont la loi ne précise pas le contenu, mais qui doit contenir une évaluation « fondée sur un référentiel ».

On doit prévoir un programme de contrôle interne au sein de l'entreprise, assorti de tests avec une documentation des processus.

Les activités de contrôle sont identifiées par différents moyens : rapprochements, validations, séparation des tâches, contrôle physique, archivage, monitoring. On retrouve dans cette énumération des outils de l'audit interne, utilisés également en cas d'auto-évaluation ainsi que nous le verrons dans la partie 4.

La loi Sarbanes-Oxley a favorisé l'émergence de nouvelles fonctions :

- le responsable du contrôle interne, souvent nommé « contrôleur interne », qui n'est pas propriétaire du contrôle interne mais facilite les travaux ;
- le responsable de la conformité, essentiellement dans les entreprises financières, bancaires ou d'assurances ;
- le déontologue qui veille à toutes les questions d'éthique, si importantes dans l'environnement de contrôle.

Mais son plus grand mérite a été d'attirer l'attention des responsables d'entreprises sur la vision qu'il convient d'avoir des risques et des dispositifs essentiels à mettre en place et d'initier aux tests nécessaires pour valider le bon fonctionnement des dispositifs de contrôle interne.

2.3. La législation française

Cinq textes jalonnent notre sujet :

- **La Loi organique relative aux lois de finances (LOLF) du 1ᵉʳ août 2001**

  C'est une réforme en profondeur de la gestion de l'État. À partir d'une nouvelle architecture budgétaire émergent les notions de performance et d'indicateurs pour la mesurer. Cette logique conduit à introduire le concept de contrôle interne dans les domaines comptable et financier et essentiellement à partir des dispositifs de supervision et de contrôle de gestion. Ce faisant, on annonce déjà la législation de 2003.

- **La Loi sur la sécurité financière (LSF) du 1ᵉʳ août 2003**

  Promulguée pour répondre à la crise de confiance née outre-Atlantique, relayée par un certain nombre d'affaires (Vivendi), elle souligne la nécessité d'améliorer la transparence de l'information financière dont la fiabilité dépend du contrôle interne… dont elle ne donne aucune définition mais dont on reconnaît qu'il va au-delà de la simple certification.

  Elle éclaire donc le concept de contrôle interne et se distingue de SOX qui ne s'intéresse qu'au contrôle comptable et financier.

Elle précise pour l'essentiel, et en cela se rapproche de SOX, que :

– les sociétés cotées doivent communiquer sur leur gouvernance ;

– le président du conseil d'administration doit rendre compte annuellement dans un rapport public présenté à l'assemblée générale des procédures de contrôle interne mises en place, au-delà des domaines financier et comptable (article 117). Mais on ne connaît pas le niveau de détail à apporter pour « rendre compte » et jusqu'alors, les rapports ont été en majorité simplement descriptifs. De surcroît, on peut donner l'impression que le contrôle interne se limiterait aux « procédures » ;

– les commissaires aux comptes formulent leurs observations sur les procédures de contrôle interne relatives à l'information financière et comptable (article 120).

- **La loi du 3 juillet 2008**

Transposition du droit communautaire, elle complète le texte de 2003 en précisant que :

– le rapport LSF rend compte également des procédures de gestion des risques et doit être approuvé par le conseil d'administration ;

– l'attestation des commissaires aux comptes est étendue aux informations autres que financières et comptables.

Elle précise également que toute société cotée doit indiquer le code de gouvernement d'entreprise auquel elle se réfère ; il faut sans doute entendre par là le référentiel de contrôle interne.

- **L'ordonnance du 8 décembre 2008**

Transposant la 8e directive, elle crée pour les sociétés françaises concernées l'obligation :

– de créer un comité d'audit désormais obligatoire pour toutes les sociétés cotées, établissements de crédit et sociétés d'assurance ;

– d'adapter les comités existants aux missions et modes de fonctionnement imposés par la directive européenne.

La directive stipule entre autres le suivi de l'efficacité des systèmes de contrôle interne, d'audit interne et de gestion des risques.

Nous sommes bien là au cœur du problème.

Il est également prescrit que le commissaire aux comptes fait rapport au comité d'audit sur les faiblesses significatives du contrôle interne relatif au processus d'information financière.

- **Le décret du 28 juin 2011 et sa circulaire du 30 juin**

  Il prévoit :

  - la création dans chaque ministère d'un dispositif de contrôle et d'audit internes, matérialisé par une « mission ministérielle d'audit interne » ;
  - la création d'un comité d'harmonisation de l'audit interne (CHAI) ayant pour mission, en sus des dispositions relatives à l'audit interne, de « s'assurer de la qualité du dispositif de contrôle interne et de maîtrise des risques ».

Il propose une définition claire et précise du contrôle interne qui symbolise l'évolution positive dans la compréhension du concept :

> « Le contrôle interne est l'ensemble des dispositifs formalisés et permanents décidés par chaque ministre, mis en œuvre par les responsables de tous les niveaux, sous la coordination du secrétaire général du département ministériel, qui visent à maîtriser les risques liés à la réalisation des objectifs de chaque ministère. »

Au total, tous ces textes vont dans le même sens, même si c'est avec des vitesses différentes et des erreurs et insuffisances, ils font néanmoins progresser l'idée de contrôle interne, et leur articulation contribue à l'amélioration continue de la maîtrise des activités et de la mise en place de structures adéquates.

Après avoir assimilé ce que peut être un bon contrôle interne, en s'inspirant des référentiels qui définissent les éléments à considérer et en prenant en compte les réglementations qui s'imposent, chacun va devoir, à partir de la connaissance qu'il peut avoir de ses risques et dans le cadre d'une action concertée, définir et mettre en place ses dispositifs de contrôle interne.

Ce qu'il faut retenir

La réglementation nombreuse, touffue, parfois incertaine, révélant de temps à autre des confusions sur les concepts, constitue néanmoins un remarquable progrès et une prise de conscience en amélioration constante par rapport à la situation antérieure où ces notions étaient ignorées.

On distingue :

1. Les textes français relatifs aux professions réglementées

Ils concernent essentiellement trois professions :

– la profession bancaire qui fut la première à s'intéresser au contrôle interne et à produire une réglementation longtemps innovatrice et considérée comme un modèle du genre. Le règlement bancaire 97/02 organise un véritable système de contrôle interne avec un rappel des principes de base. Les réglementations du comité de Bâle sont venues le compléter par l'exigence d'une véritable gestion des risques ;

– la Sécurité sociale : le code de la Sécurité sociale institue et réglemente le contrôle interne mais en le limitant à la sphère financière et comptable. Il contient toutefois des recommandations qui vont dans le bon sens ;

– les sociétés d'assurance ont créé l'obligation de mettre en place un dispositif permanent de contrôle interne ; la législation européenne sur le sujet (Solvency 1 et 2) a accentué les exigences dans ce domaine d'où, comme en matière bancaire, une large place faite au risque de non-conformité.

2. Les textes législatifs et réglementaires

Les textes étrangers sont essentiellement constitués par les directives européennes qui, dès 1978, ont associé contrôle interne et gestion des risques. Et elles sont devenues de plus en plus contraignantes.

Il faut ajouter la loi Sarbanes-Oxley dont l'influence s'est étendue bien au-delà des États-Unis et qui a élaboré des obligations strictes pour les dirigeants. Elle se limite au domaine financier et comptable mais a créé des réflexes salutaires en matière de tests et de vigilance.

La législation française tourne autour de deux lois fondamentales : la LSF et la LOLF qui ont introduit les concepts de contrôle interne et de gestion des risques dans l'administration. Même si les textes sont un peu touffus et parfois répétitifs, ils constituent un remarquable progrès.

Ils sont complétés par des ordonnances et décrets transposant les directives européennes.

Partie 3

Le cadre de maîtrise

En lieu et place de « cadre de maîtrise », on pourrait dire : « la mise en ordre des dispositifs de contrôle interne », et pourquoi pas « la mise en ordre de bataille »… Sous le terme générique de « dispositifs de contrôle interne », on trouve, comme nous l'ont indiqué les définitions (en particulier celle du CoCo), une infinité d'éléments hétérogènes qui ont en commun d'aider à se prémunir contre les risques ou à les supprimer. Ils sont la démonstration que le contrôle interne est tout sauf un empilement de papiers.

Ces dispositifs varient selon les tâches, les activités, les organisations, les pays, les hommes. D'une entreprise à une autre, et même dans un secteur d'activité identique, on ne s'organisera pas de la même façon.

Aussi est-il impossible de prétendre inventorier tous les dispositifs possibles, d'en faire la liste. Mais fort heureusement, tous les dispositifs de contrôle interne, quels qu'ils soient, ont en commun une qualité remarquable : ils appartiennent tous à un certain nombre de familles, de catégories qui, elles, sont en nombre fini et dont on peut faire la liste. L'ensemble de ce classement, de ces pôles de regroupement, constitue ce que l'on nomme « le cadre de maîtrise » auquel chacun va se référer.

C'est donc à travers ce cadre de maîtrise que l'on va analyser les dispositifs possibles en identifiant les points sur lesquels il convient d'être vigilant. Nous avons réalisé un classement en six groupes, étant entendu que ce classement est un peu arbitraire ; certains en comptent cinq, d'autre sept… mais ce n'est qu'une affaire de regroupement ou de découpage : il s'agit toujours des mêmes notions.

L'analyse de ces six groupes doit être précédée par la mise en œuvre de trois exigences préalables ; elle sera suivie de la méthode préconisée pour identifier les dispositifs à mettre en place.

Chapitre 1

Les trois préalables

Dans une démarche d'élaboration du contrôle interne, chacun, à son niveau et dans son poste de travail, doit, avec le concours de sa hiérarchie, réfléchir à trois questions, s'il ne l'a déjà fait :

- Quel est le contenu de ma mission ?
- Quels sont les facteurs de réussite dont la mise en œuvre ne dépend que de moi seul et qui conditionnent ma réussite dans la mission qui m'est confiée ?
- Quelles sont les règles (règlement interne, réglementation, législation) que je dois connaître afin de les respecter dans la mise en place des dispositifs ?

On ne peut commencer un travail d'élaboration du contrôle interne sans avoir répondu à ces trois questions et sans les avoir résolues.

1. LA DÉFINITION DE LA MISSION

On ne peut prétendre maîtriser ses activités si l'on ne sait pas avec précision en quoi elles consistent. Or, contrairement à ce que l'on pourrait penser, les cas ne sont pas rares où le responsable en charge d'un poste ne connaît pas avec la précision indispensable ce qu'on attend de lui. Ou bien, ce qui est encore plus dangereux, il en aura une idée qui ne sera pas en ligne avec celle de sa hiérarchie.

Des deux côtés, il est donc impératif de clarifier la situation. Or, trop souvent, on croit connaître sa mission parce qu'on peut l'identifier à une activité et l'on exprime l'idée que l'on en a avec quelques phrases générales qui se résument en un inventaire incomplet des tâches que l'on a l'habitude d'accomplir. Or définir une mission, ce n'est pas cela, ce n'est pas que cela. Définir une mission, c'est répondre à trois questions :

- Quoi ? Quelle action dois-je entreprendre ?
- Pourquoi ? Quelle est la finalité ? le résultat à atteindre ?
- Où ? Quel domaine couvrir ?

1.1. La question « Quoi ? »

C'est la plus facile, celle qui vient à l'esprit et que les intéressés connaissent car elle recouvre en général les tâches à accomplir :

- je suis responsable des achats : ma mission c'est d'acheter ;
- je suis responsable du recrutement : ma mission c'est de recruter ;
- je suis responsable de la maintenance : ma mission c'est d'entretenir.

Encore que parfois, dans le cas de missions complexes, la réponse ne soit pas toujours évidente. Ainsi, pour le responsable du système d'information de l'entreprise, quel est le « quoi » de sa mission ? Est-il chargé de développer ? de coordonner ? d'améliorer techniquement ou en termes de coût ? de faire vivre en l'état ? ou tout ou partie de ces options possibles ?

Mais réponse simple ou complexe, la question « quoi » induit le pourquoi. Ma mission c'est d'acheter, certes, mais pour quoi faire ?

1.2. La question « Pourquoi ? »

Trop souvent, on ne sait pas répondre. Les auditeurs internes savent bien que, dans ce cas, ils peuvent prendre une grande épuisette, ils feront une récolte abondante. Et pour cette simple raison : si l'on ne connaît pas le pourquoi de sa mission, on ne peut imaginer et mettre en place un dispositif de contrôle interne adapté.

En effet, une même mission peut avoir des raisons d'être divergentes, il s'en suivra un système de contrôle interne différent selon la finalité assignée à la fonction.

© Groupe Eyrolles

Illustration

Exemple de mission divergente

Pour un responsable des achats : sa mission c'est d'acheter les matériels ou produits nécessaires au fonctionnement de l'entreprise.

Mais :

- doit-il acheter pour faire en sorte que l'on soit assuré, en tout état de cause, de toujours trouver dans le magasin tout ce dont on peut avoir besoin ? ;
- doit-il acheter pour minimiser au mieux le budget achats ? ;
- ou les deux ?

Dans le premier cas, il va se préoccuper d'avoir un répertoire, tenu à jour, de tous les produits et matériels susceptibles d'être utilisés ; de connaître toutes les nouveautés susceptibles d'être demandées par les utilisateurs (abonnements à des revues spécialisées, informations par les gestionnaires...) ; de sécuriser les approvisionnements auprès des fournisseurs (contrats, informations sur les stocks fournisseurs).

Dans le second cas, ses préoccupations vont être de nature différente. Il va se tenir informé de l'évolution des prix, tenir à jour une nomenclature des prix pratiqués sur le marché, se tenir informé des marchés internationaux, définir des procédures pour minimiser les coûts de transport, élaborer des procédures rigoureuses de mise en concurrence, disposer d'informations lui permettant de connaître les produits de substitutions, etc.

Bref, il n'aura pas le même dispositif de contrôle interne.

Donc on ne peut définir son système de contrôle interne sans la réponse à la question « pourquoi » qui révèle les natures des risques contre lesquels il va falloir se protéger.

1.3. La question « Où ? »

Elle est tout aussi importante puisqu'elle va définir le domaine dans lequel le responsable concerné est en charge du contrôle interne ; en d'autres termes, quelles sont les limites de son activité.

Ce peut être une limite géographique : tel territoire, telle usine. Ce peut être également une limite fonctionnelle : les installations de fabrication des usines, la sécurité dans les établissements.

Les réponses à ces questions impliquent des objectifs différents, donc des risques qui ne sont pas identiques. Il est donc indispensable que chaque responsable soit clair sur la réponse à ces trois interrogations qui vont générer un contrôle interne diversifié selon les cas.

Et il convient de ne pas confondre définition de la mission et objectifs. La définition de la mission précède la fixation des objectifs qui sont déterminés dans le cadre de la mission. Mais alors que celle-ci est exprimée par les réponses aux trois questions, ceux-là se définissent par des chiffres exprimés dans le temps ainsi que nous le verrons au chapitre 2.

Chacun doit donc connaître parfaitement sa mission avant d'entreprendre une réflexion sur son contrôle interne. Et être clair, ce n'est pas seulement avoir les idées claires, c'est aussi, et surtout, être en accord avec sa hiérarchie car c'est elle qui décide du sens de la mission qu'elle entend confier à chacun. Il doit donc y avoir une double démarche :

- s'interroger sur le sens de sa mission ;
- s'assurer qu'elle est bien en ligne avec la conception de la hiérarchie.

Pour cela, il y a un juge de paix, dont nous parlerons un peu plus loin : l'analyse de poste. Il est indispensable, pour mettre en œuvre une réflexion sécurisée et non minée à sa base, que l'analyse de poste de chacun, avalisée par la hiérarchie, comporte la réponse aux trois questions qui définissent la mission.

2. LES FACTEURS DE RÉUSSITE

Ce sont les éléments qui conditionnent la réussite de la mission, c'est-à-dire, à terme, la réalisation des objectifs. Avant de construire son contrôle interne, chacun doit se mettre en situation pour avoir à sa disposition ces éléments clés sans lesquels les autres dispositifs ne sauraient fonctionner.

Ces éléments clés ont trois caractéristiques qui les singularisent :

- Ils sont dans la main du responsable à qui il appartient de les prévoir ou de ne pas s'en préoccuper. Ainsi dira-t-on que pour gérer une activité de responsable des ventes à l'international, on doit au préalable avoir des collaborateurs connaissant la langue anglaise. Si le responsable ne s'en préoccupe pas, personne ne le fera à sa place. De même, pour bien gérer un poste d'acheteur, l'intéressé doit considérer que l'abonnement à certaines revues spécialisées ou bases de données lui est indispensable. Là encore, c'est à lui qu'il appartient de faire le nécessaire. Ou encore pour le responsable sécurité qui considère qu'il ne pourrait remplir sa mission, et donc serait exposé à tous les risques, s'il ne disposait pas d'une réserve d'eau incendie d'au moins 500 m^3.

  On perçoit bien que dans tous ces cas de figure, il appartient au responsable qui, par définition, connaît ses objectifs, de faire l'inventaire de ce qu'il considère comme indispensable pour les réaliser.

- Deuxième caractéristique : ces facteurs de réussite sont divers et susceptibles de couvrir tous les domaines. Ils peuvent concerner les effectifs et se rapporter soit à la qualification, soit à la quantité ; ils peuvent concerner les biens et matériels et se rapporter aux équipements indispensables pour la fabrication aussi bien qu'aux matériels informatiques nécessaires à la gestion ; ils peuvent aussi se rapporter à la finance et s'exprimer en termes de budgets de fonctionnement ou d'investissement. Dans tous les cas, l'important est de les identifier au préalable.

- Troisième caractéristique : tous ces éléments ont en commun d'être chacun autant de dispositifs de contrôle interne. Ainsi que nous le verrons dans les chapitres suivants, ils appartiennent tous à la famille des « **Moyens** ». Mais ce sont des dispositifs qui doivent être identifiés en premier et c'est le responsable de l'unité, de l'activité, du département ou de la direction qui est le mieux placé pour réaliser cette identification.

Il y a à cela une raison objective, c'est que ces facteurs de réussite sont et doivent être nécessairement en ligne avec la définition de la mission. Et c'est le titulaire du poste qui la connaît le mieux et est en mesure d'en analyser les contraintes à prendre en compte.

Illustration

Le responsable du recrutement dans une entreprise devra, préalablement à la mise en place de son contrôle interne, se préoccuper des points suivants sans lesquels il ne pourrait réaliser sa mission et serait exposé à tous les risques :
- avoir une bonne connaissance des métiers de l'entreprise. S'il ne l'acquiert pas ou s'il ne l'a pas, personne ne le fera à sa place. Il y parviendra par sa curiosité et sa formation personnelle en fonction de son profil de départ ;
- avoir une bonne connaissance du marché du travail : revues, Internet, informations diverses (syndicales, patronales…) ;
- avoir des collaborateurs en nombre suffisant et ayant la formation adéquate. C'est à lui d'estimer le nombre qu'il juge nécessaire et de déterminer le niveau et la nature de la formation souhaitable ;
- disposer de statistiques quantitatives : pyramide des âges de l'entreprise, statistiques sur l'évolution des effectifs, les mutations internes, les projets de développement ou les perspectives de récession ;
- connaître les cabinets de recrutement et leurs méthodes de travail.

3. LES RÈGLES À RESPECTER

La parfaite connaissance des règles à respecter est le troisième préalable nécessaire. Nous avons vu que le contrôle interne n'est pas et ne saurait être un moyen pour éviter d'avoir à appliquer des règles internes ou des dispositions réglementaires. Davantage encore, il doit permettre de bien les appliquer et de ne pas les omettre.

Ces contraintes qui s'imposent au responsable quel que soit son niveau hiérarchique, et à la différence des facteurs de réussite, ne dépendent pas de lui. Il n'en a pas le choix, elles s'imposent à lui, et doublement :

- c'est l'ensemble des dispositifs qu'il se propose de mettre en œuvre qui peut être concerné et avoir à être modifié, rectifié pour rester conforme à la réglementation de l'activité ou à une règle interne ;
- il a le devoir de s'assurer qu'il a une bonne connaissance de toutes les règles régissant son secteur afin de pouvoir les prendre en compte.

Illustration

Notre responsable de recrutement devra impérativement connaître :
- la législation du travail ;
- les conventions collectives régissant son activité ;
- les accords professionnels de branche ;
- la procédure de recrutement de l'entreprise ;
- le code de conduite de l'entreprise ;
- les pouvoirs des différents intervenants ;
- le budget à respecter.

Ces préalables ayant été remplis, chacun va pouvoir, à partir des risques identifiés et selon une méthode analysée dans la partie 4, définir ses dispositifs de contrôle interne et les mettre en place.

Ces dispositifs présentent des spécificités en fonction de la famille à laquelle ils appartiennent. On peut les regrouper en six familles que nous allons analyser.

Ce qu'il faut retenir

Tous les dispositifs de contrôle interne, par définition en nombre infini, peuvent être regroupés en six familles. Ce regroupement permet de mieux définir les règles qui doivent présider à leur mise en place.

Mais ce ne peut être réalisé que s'il est satisfait à trois préalables :

1. Définition de la mission

On doit, à chaque échelon hiérarchique, en définir avec précision la mission, ce qui implique :

– en connaître le « quoi » : quel est le contenu de la mission ? ;

– en connaître le « pourquoi » : quelle est la finalité ? ;

– en connaître le « où » : quel est son champ d'application ?

Selon les réponses à ces questions, les dispositifs de contrôle interne à mettre en place ne seront pas les mêmes.

Ces réponses devront être validées avec la hiérarchie et figurer dans la description de poste.

2. Les facteurs de réussite

Le responsable d'une mission doit connaître les facteurs de réussite indispensables pour la mener à bien. Ceux-ci ont cette particularité qu'ils ne peuvent être mis en œuvre que par lui, personne d'autre ne s'en préoccupera : connaissances à acquérir, moyens jugés nécessaires par l'intéressé, compétences à exiger... on attend ses propositions.

3. Les règles à respecter

Le contrôle interne se devant de respecter les règles internes ou externes, encore faut-il les connaître. Chaque responsable doit donc, avant d'entreprendre une réflexion sur le contrôle interne, s'assurer qu'il connaît parfaitement les réglementations qui devront être prises en compte.

Chapitre 2

Les familles de dispositifs

Traditionnellement, on regroupe les dispositifs de contrôle interne en six ensembles présentant chacun des caractéristiques spécifiques qui doivent guider responsables et auditeurs dans leurs appréciations.

Ces six familles sont :

- les objectifs ;
- les moyens ;
- les systèmes d'information ;
- l'organisation ;
- les procédures ;
- la supervision.

1. LES OBJECTIFS

Sans objectifs, on ne peut maîtriser convenablement ses activités. Plus que les objectifs, ce sont tous les éléments qui contribuent à leur formulation qui sont autant de dispositifs qui mettent à l'abri des risques de l'imprévision.

1.1. L'importance des objectifs

Il peut paraître a priori surprenant de voir les objectifs mis au rang des dispositifs de contrôle interne. Et pourtant... ne pas avoir d'objectifs, c'est ne pas savoir où aller, c'est prétendre atteindre le port sans savoir où il se trouve. On retrouve la parole de Sénèque : « Il n'y a pas de vent favorable pour celui qui ne sait pas où il va ». Dans ce cas, on navigue à l'estime, au jour le jour : un coup à droite, un coup à gauche. Et ce faisant, des risques apparaissent et disparaissent, toujours imprévus parce qu'imprévisibles. Donc on ne maîtrise plus rien.

Il est un autre point particulièrement important : la connaissance des objectifs va permettre – et ceci est essentiel – de calculer avec précision les moyens à mettre en œuvre pour les atteindre. Sans objectifs, ou sans objectifs précis, comment définir l'effectif nécessaire, les budgets à mobiliser, le matériel à mettre en œuvre, le temps à prévoir… ? On reste alors dans l'estimation hasardeuse avec tous les risques induits par une telle situation.

Le CoCo a souligné l'importance des objectifs dans un système élaboré de contrôle interne en insistant sur cinq points :

- nécessité d'avoir des objectifs connus et communiqués ;
- nécessité d'identifier les risques pouvant nuire à ces objectifs ;
- nécessité d'avoir une politique pour à la fois réaliser les objectifs et gérer les risques ;
- nécessité d'avoir des plans pour y parvenir ;
- nécessité de les communiquer aux personnes concernées.

On ne peut donc travailler sans objectifs. N'oublions pas le mot de Steven Hronec : « Les équipes qui ne comptent pas les points ne jouent pas vraiment, elles ne font que s'entraîner »[1].

1.2. Caractéristiques

Les objectifs présentent un certain nombre de caractéristiques :

- ils sont indispensables. C'est le premier devoir du responsable, après avoir défini la mission de ses collaborateurs. Il doit leur fixer des objectifs et ceux-ci sont à apprécier en fonction d'un certain nombre de critères ;
- ils doivent concourir à la réalisation de la mission assignée à chaque responsable. Il doit donc y avoir antériorité (la mission est définie en premier lieu) et cohérence (adéquation entre objectifs et mission) ;
- ils sont définis pour chaque activité : l'objectif d'une activité ne peut être que le cumul des sous-objectifs des tâches composant l'activité. Dans une bonne organisation, il y a donc une construction pyramidale des objectifs qui sont autant de dispositifs de contrôle interne pour chacun ;

---

1. Steven Hronec, *Vital Signs*, Éditions d'Organisation.

- ils sont toujours mesurables, ils s'expriment par des chiffres situés dans le temps.

  Alors que la mission s'exprime par une réponse à des questions (quoi ? pourquoi ? où ?), l'objectif s'exprime par un chiffre. « Augmenter le chiffre d'affaires » n'est pas un objectif, c'est une simple déclaration d'intention ; en revanche, « augmenter le chiffre d'affaires de 10 % dans les 12 mois à venir » est un objectif. Les objectifs doivent donc être temporels et s'exprimer en termes de délais ou de dates ;

- ils doivent pouvoir être suivis par le système d'information de chacun, lequel est une composante du système d'information de l'entreprise ;

- ils doivent être simples, compréhensibles pour chacun, formulés sans ambiguïté et avec précision ;

- ils doivent impérativement être ambitieux mais rester réalistes, donc réalisables. Un objectif ne doit pas se confondre avec la norme, il doit aller au-delà et toujours inciter à un dépassement.

Mais, et cela est la contrepartie, ils ne doivent pas être inatteignables.

Les objectifs inatteignables génèrent des ressources humaines surdimensionnées, des coûts en capital et une désaffection des personnes concernées ; donc des risques majeurs. A. de Boissieu[1] énonce fort bien ce qui peut pousser des responsables à fixer des objectifs impossibles à atteindre :

- un attrait pour l'innovation : faire moderne sans s'en donner les moyens et parfois sans les avoir mesurés ;

- la volonté de surpasser le concurrent, même si c'est irréaliste ;

- un effet d'affichage pour se mettre en valeur ;

- une reconnaissance en interne pour faciliter la carrière.

Tout cela est d'autant plus facile à mettre en avant que la durée du projet est telle que les décideurs ne seront plus en poste à l'aboutissement.

1.3. Les catégories d'objectifs

Il existe quatre catégories d'objectifs :

- les objectifs stratégiques qui concernent le contrôle interne de la direction générale mais irriguent tous les autres et les colorent ;

- les objectifs opérationnels qui sont au cœur du contrôle interne de chaque activité ;

---

1. A. de Boissieu, *Audit et contrôle internes*, n° 205, juin 2011.

- les objectifs de reporting, particulièrement importants pour une bonne maîtrise mais pas toujours aisés à atteindre, surtout en cas d'éloignement géographique ;
- les objectifs de conformité, essentiels dans les professions réglementées.

Nous verrons que ces objectifs s'expriment et se mesurent avec des indicateurs qui sont en général gérés par le contrôle de gestion.

Il n'est pas de bon contrôle interne sans objectifs.

En cohérence avec les objectifs, on trouve les moyens.

2. LES MOYENS

Nous l'avons dit, l'importance des objectifs est qu'ils permettent également de définir les moyens nécessaires. Chaque moyen est un dispositif de contrôle interne : mis à la bonne place, utilisé à bon escient, il permet de maîtriser l'activité et d'atteindre les objectifs.

Les auditeurs internes ne comptent plus le nombre de cas où des dysfonctionnements ont pour cause une faiblesse de contrôle interne résidant dans un manque de moyens ou en des moyens inadaptés (en quantité ou en qualité) ou encore dans des moyens excessifs.

2.1. Diversité

Parler des moyens, c'est parler de *tous* les moyens :

- les moyens humains, non seulement en nombre, mais aussi, et surtout, en qualité. Avoir un personnel compétent et adapté est un dispositif essentiel dans le contrôle interne. Dans ce domaine, non seulement le nombre est un dispositif, mais également la formation adéquate. Le manque de formation est trop souvent à l'origine d'accidents, de dysfonctionnements, d'erreurs que l'on qualifie ensuite d'impardonnables. Mais ce qui est impardonnable, c'est de n'avoir pas mesuré en qualité les besoins nécessaires pour réaliser les objectifs, et donc de n'avoir pas, au départ, identifié le risque ;
- les moyens financiers que l'on met trop souvent en avant mais qui sont moins importants que les précédents car on y adapte plus facilement les objectifs ;
- les moyens techniques : technique industrielle, technique informatique… ;
- les moyens commerciaux…

2.2. Caractéristiques

* Première caractéristique : les moyens sont définis en fonction des objectifs.

On perçoit bien ici le préalable de la définition des objectifs. Les auditeurs internes sont souvent confrontés à des dysfonctionnements dus à un manque de cohérence : on ne se donne pas les moyens de ses objectifs. Mais contrairement à un réflexe habituel, la remise en ordre n'a pas qu'une seule réponse, mais deux. On peut certes tenter d'aligner les moyens sur les objectifs, mais on peut également, et on l'oublie trop souvent, modifier les objectifs pour les aligner sur les moyens.

Illustration

Dans une usine, des produits chimiques hautement toxiques sont utilisés dans le procédé de fabrication.

La réglementation exige que ces produits soient stockés dans un local particulièrement protégé. La construction de ce local exige des dépenses d'investissement que l'entreprise n'a pas les moyens d'engager.

On ne voit alors pas d'autre solution que de rester en infraction au motif qu'on ne peut aligner les moyens sur les objectifs de fabrication.

Or, il y a une autre solution : ne plus utiliser ces produits chimiques en adoptant un autre procédé de fabrication. On aligne les objectifs sur les moyens.

Il doit donc toujours y avoir cohérence entre les deux termes.

Cette exigence de cohérence condamne les discussions « de marchands de tapis » du genre :

– « Il me faudrait 10 personnes.

– Je ne peux vous en donner que 5.

– Bien, alors 8 ?

– Je vous en donne 7 ».

Ce genre d'échange signe un mauvais contrôle interne et des activités mal maîtrisées qui demain verront naître des risques aux effets négatifs.

* Seconde caractéristique : ils prennent en compte les facteurs de réussite.

Nous avons vu (chapitre 1) que chaque responsable devait avant tout identifier ses facteurs de réussite et que ceux-ci consistaient en un certain nombre de moyens que l'intéressé a seul la possibilité d'identifier.

Il lui appartient donc de veiller à ce que ces éléments figurent bien au nombre des moyens mis à sa disposition.

3. LES SYSTÈMES D'INFORMATION ET DE PILOTAGE

Nous avons vu que le COSO 1 considérait (et à juste titre) le système d'information comme un élément constitutif indispensable du contrôle interne dans l'organisation. Cela dit, *le* système d'information d'une organisation n'est que la juxtaposition en un ensemble organisé de la diversité des multiples systèmes d'information de chacun, certains pouvant même ne pas être repris dans le système global. En fait, l'addition des systèmes de pilotage de chacun constitue souvent un ensemble hétérogène avec des redondances et des contradictions.

Mais pour chaque responsable, la gestion de ces données qui lui permet de piloter son activité – et donc de la maîtriser convenablement en évitant les risques – est une famille essentielle de ses dispositifs de contrôle interne. L'appropriation du système d'information par les métiers est le gage de son utilité. On trouve des systèmes d'information qui sont automatiques et totalement intégrés.

On en trouve aussi qui sont manuels et entre les seules mains du responsable.

Illustration

Le responsable sécurité d'une usine a impérativement besoin de connaître les incidents/accidents qui se sont produits pour mesurer l'amélioration ou la dégradation de la sécurité. Mais l'information sur l'accident survenu n'est pas suffisante en soi. Il doit aussi connaître les « presque accidents » (le « near miss » des Anglo-Saxons). Ce sont tous les cas dans lesquels il s'en est fallu de peu : « il y avait trois sécurités, les deux premières ont lâché, mais heureusement la troisième a tenu » ou encore « heureusement untel passait à proximité et il a pu intervenir… ».

Or, on peut être dans une situation où aucun accident ne se produit alors que l'état sécuritaire est en train de se dégrader dangereusement avec la multiplication de ce type d'incidents.

Il est donc essentiel que le responsable sécurité puisse en avoir connaissance et soit en mesure de les suivre. Il doit donc avoir un « système d'information » lui permettant l'enregistrement et le suivi ; et l'on perçoit bien que ce système ne sera ni comptable, ni informatisé.

Ce sera sans doute un système déclaratif mais un dispositif essentiel de contrôle interne que le responsable sécurité doit impérativement mettre en place.

Ces systèmes d'information se doivent de présenter un certain nombre de caractéristiques communes pour être fiables ; ils se présentent de surcroît sous des formes diverses.

3.1. Les caractéristiques

Elles concernent toutes les fonctions, toutes les activités, ce qui est logique puisque, chaque activité ayant des objectifs, celle-ci doit se doter d'instruments pour en mesurer la réalisation. Les clignotants se déclenchent à chaque alerte et les informations qui en sont à l'origine sont collectées dans tous les domaines, comme on l'a vu avec l'exemple ci-dessus.

Tous les domaines – et qui n'ont pas nécessairement leur contrepartie dans le bilan de l'entreprise – exigent d'être suivis et pilotés, c'est dire si la « famille » des systèmes d'information est nombreuse et variée, aussi bien dans sa nature que dans son contenu. On y trouve aussi bien les contrôles d'accès logique figurant dans les programmes informatiques que les détections automatiques d'erreurs, les listings de données à vérifier, des tests logiques ou encore des listes d'anomalies...

Les SI doivent présenter les caractéristiques déjà définies pour la qualité de la simple information (voir partie 1, chapitre 2-1), à savoir être fiables, exhaustifs, disponibles en temps opportun et satisfaire aux besoins des utilisateurs. Ce dernier critère est d'autant plus facile à atteindre que c'est l'utilisateur lui-même qui doit se préoccuper de SON système d'information, lequel – on l'a vu – peut se présenter sous différentes formes.

Ils sont gérés avec des réseaux, des logiciels, des bases de données, des matériels et chacun doit se préoccuper de la bonne maîtrise de ces différents éléments, faute de quoi c'est l'information qui risque d'être polluée. On doit donc veiller aux risques potentiels :

- ou bien ils sont sous la dépendance du responsable concerné et il doit alors, là comme ailleurs, identifier les risques et les traiter comme nous le verrons dans la partie 4. Ainsi en est-il des ordinateurs de bureau, de leurs mots de passe et codes d'accès qui sont autant de dispositifs de contrôle interne ;
- ou bien ils sont gérés par le système central et la question se pose et est à résoudre lorsqu'on examine le contrôle interne de la fonction informatique. L'interlocuteur est alors le responsable SI, et le référentiel est le COBIT ou un référentiel analogue.

Ils ne doivent pas être confondus avec l'activité informatique en général, laquelle comporte des moyens en logiciels et matériels, des procédures d'exploitation ou de sauvegarde, des alertes et vérifications, donc un grand nombre de dispositifs et de familles de dispositifs.

Ils présentent des risques de même nature, quelle que soit l'entreprise :

- risques relatifs aux matériels, à leurs défaillances ou à leur obsolescence ;
- risques relatifs aux logiciels utilisés et qui déforment ou mutilent l'information ;
- risques relatifs à la saisie de l'information qui se transmet alors de façon incomplète ou erronée ;
- risques relatifs à la qualité des bases de données incomplètes ou piratées ;
- risques relatifs à l'incompétence ou à la malversation du personnel qui gère mal les identifiants et mots de passe ou les contourne frauduleusement en violant la confidentialité.

Savoir gérer tous ces risques est fort bien expliqué dans le manuel précité IFACI/CIGREF/AFAI sur « La gouvernance du système d'information ». On y trouve des dispositifs de contrôle interne nombreux et variés allant de la détection des intrusions par le logiciel système jusqu'aux procédures de tests en passant par toute la gamme des contrôles applicatifs.

3.2. Le tableau de bord

Le tableau de bord est la forme la plus habituelle. Il regroupe selon des critères variables en fonction de l'activité et du niveau hiérarchique la plupart, ou un certain nombre, d'indicateurs ou de chiffres significatifs qui tous ont en commun d'aider à la mesure de la réalisation des objectifs.

Le tableau de bord reflète la pratique du reporting et la met en ordre.

Selon le niveau hiérarchique et la nature du poste, on trouve :

- des tableaux de bord de suivi d'activité ;
- des tableaux de bord de gestion ;
- des tableaux de bord de pilotage ;

mais la logique n'est pas toujours perceptible.

De grands progrès ont été réalisés dans ce domaine avec la réalisation du « Balanced Scorecard », tableau de bord prospectif, comprenant une vingtaine d'indicateurs financiers et non financiers destinés à apprécier la performance globale à travers quatre perspectives articulées entre elles : la finance, les clients, les processus internes et l'apprentissage organisationnel[1]. Il s'agit là d'innovations majeures dans les dispositifs de contrôle interne.

---

1. Renard J., Nussbaumer S., *op. cit.*

On observera que le tableau de bord, et singulièrement le tableau de bord prospectif, ne sont que des composantes d'un dispositif plus global, évoqué par ailleurs : le contrôle de gestion qui, en général, en assure la gestion.

On doit éliminer les tableaux de bord « fourre-tout » dans lesquels les arbres cachent la forêt et qui peuvent être le prétexte à des documents d'utilité douteuse : qui ne connaît ces tableaux de bord avec le nombre d'enfants des secrétaires, l'âge des capitaines de navire et les adresses personnelles du patron. Il faut toujours se méfier des excès de reporting qui cachent plus qu'ils ne révèlent. On est là dans l'excès de contrôle interne, déjà dénoncé.

Il faut se garder aussi de la simplification abusive ou de l'information incomplète. N'oublions pas le mot de Joseph Juran (le fondateur du mouvement Qualité) : « Quand on n'a qu'un marteau dans sa boîte à outils, tous les problèmes sont en forme de clou ».

Seules les informations sur l'activité en relations avec les objectifs sont la raison d'être du tableau de bord. Ils concentrent en général tout ou partie des indicateurs.

3.3. Les indicateurs

Éléments du tableau de bord et outils d'évaluation dans la réalisation des objectifs, les indicateurs sont, du même coup, de remarquables dispositifs de contrôle interne.

Ils s'expriment soit en valeur absolue, soit en pourcentage selon la définition chiffrée de chaque objectif et permettent d'en mesurer la réalisation selon une périodicité à définir. On en trouve dans tous les domaines :

- dans le domaine industriel : taux de rendement, pourcentage de pannes, pourcentage de rebuts ;
- dans le domaine financier et comptable : ROI (Return on investment), factures impayées, erreurs comptables ;
- dans le domaine commercial : réclamations clients, taux de pénétration du marché ;
- dans le domaine logistique : taux d'accidents, rotation des stocks.

On a même dressé des cartographies d'indicateurs :

- indicateurs clients ;
- indicateurs de gouvernance ;
- indicateurs d'activités ;
- indicateurs de risques et d'opportunités.

Quelles que soient les modalités de classement, tout objectif doit pouvoir être suivi par un ou plusieurs indicateurs et, ce, même s'il s'agit d'objectifs de qualité, car la qualité se mesure, sinon on reste dans le discours de salon.

Un indicateur de qualité se reconnaît à ceci : qu'il s'exprime en pourcentage ou en valeur absolue, lorsqu'il s'améliore il tend vers zéro. En effet, il mesure toujours une fréquence d'insatisfactions, une fréquence de non-conformités ou de dysfonctionnements.

On trouve des indicateurs de qualité dans toutes les activités :
- en production : ils mesurent la fréquence des dysfonctionnements ;
- dans les services : ils mesurent la fréquence des non-conformités ;
- dans le secteur commercial : ils mesurent la fréquence des insatisfactions des clients ;
- en matière d'accidents/d'incidents : ils en mesurent la fréquence.

Exemples d'indicateurs de qualité : le pourcentage de pertes, le nombre de réclamations clients... ou le nombre de vols dans une commune. Ce sont tous des indicateurs de qualité.

Mais qu'il s'agisse d'indicateurs de qualité, d'activité ou de production, ils doivent être mis en place : dès l'instant où l'on a fixé des objectifs, on doit se donner les moyens de les mesurer. Sans indicateurs, les objectifs n'existent pas.

L'indicateur doit répondre à plusieurs critères :
- il doit être précis et donc spécifique et documenté, ce qui exclut les indicateurs trop généraux qui englobent tout ;
- il doit être pertinent par rapport à l'objectif qu'il est censé mesurer, c'est-à-dire proportionné ;
- il doit être compréhensible et pour cela être significatif.

Illustration

Dans une entreprise, une chaîne de fabrication présentait un nombre anormal de rebuts (de l'ordre de 10 %). Après recherches, les ingénieurs ont cru déceler l'origine.

Ils ont pris des dispositions pour améliorer la situation et se sont fixé des objectifs :
- au bout de 1 an, pas plus de 5 % de rebuts ;
- au bout de 2 ans, pas plus de 3 % ;
- au bout de 3 ans, pas plus de 1 % ;
- au bout de 5 ans, pas plus de 0,1 %.

À l'aide de l'indicateur de rebuts, ils ont mesuré l'évolution :
- après 1 an, on était à environ 5 % ;
- après 2 ans, on était à environ 3 % ;
- après 3 ans, on était à environ 1 %.

Puis on est passé à 0,99 % puis 0,98 %... puis on s'est arrêté là !

Pourquoi ?

Parce que 0,1 % n'était plus significatif. Pour les intéressés, 0,1 % de rebut, c'était la perfection et donc 0,99 % tout à fait acceptable.

Les ingénieurs ont alors montré qu'ils avaient bien compris le phénomène. Ils ont dit : « Nous avons mal formulé, votre objectif n'était pas de 0,1 % mais de 10/10 000 ». Et la statistique a recommencé à descendre !

On avait substitué à un indicateur qui n'était plus significatif un indicateur qui redevenait significatif.

Plus généralement, tous les éléments statistiques utiles à la gestion, dispersés ou regroupés, spécifiques ou généraux, sont à des titres divers des éléments du système d'information de celui qui les exploite. Les analyser c'est, là aussi, analyser des dispositifs de contrôle interne.

4. L'ORGANISATION

Tous les éléments de l'organisation relève du contrôle interne et doivent à ce titre obéir à une certaine rationalité pour être efficace. « On ne contrôle que ce qui est organisé », disait Fayolle. Traduisons « contrôle » par « maîtrise » et on aura compris que les éléments de l'organisation relèvent du contrôle interne.

Une bonne organisation est une organisation qui obéit à trois principes.

4.1. Les trois principes

Une bonne organisation doit être adaptée, objective et respecter la séparation des tâches.

- **Elle doit être adaptée**

  Une organisation adaptée est une organisation qui respecte et suit la logique de fonctionnement de l'entité : centralisation/décentralisation, délégation/concentration... Elle implique que le management ne se réfugie pas dans une tour d'ivoire mais soit, au contraire, toujours présent sur le terrain. À la diversité des entreprises répond la diversité des organisations qui doivent être adaptées à l'activité, à l'environnement, à la culture.

Dans cette adaptation, trois écueils sont à éviter :

– l'organisation anarchique qui est l'absence totale ou partielle d'organisation. On ne sait pas très exactement qui fait quoi, l'incohérence se glisse dans les structures et avec elle la multiplication des risques qui, de potentiels, deviennent vite des réalités. On trouve souvent ce type de situation lorsque se réalisent, ou tentent de se réaliser, des projets dans lesquels on a voulu bannir toute hiérarchie, mais encore faut-il que l'ensemble soit organisé et les tâches définies, sinon le naufrage est inévitable. On peut d'ailleurs trouver des entités au demeurant bien organisées mais dans lesquelles se sont formés des îlots anarchiques et qui peuvent propager des risques sur tout ou partie de l'organisation ;

– l'organisation pointilliste et qui conduit, elle aussi, à la paralysie partielle ou totale du fonctionnement de l'entité. La multiplication des règles superflues, trois signatures au lieu d'une, trois exemplaires au lieu d'un seul, l'obligation de remonter toute la ligne hiérarchique pour une décision banale… Ces excès conduisent toujours à la déresponsabilisation et chacun, se considérant comme non concerné, se garde bien de faire obstacle à un dysfonctionnement qu'il perçoit. On retrouve là encore l'excès de contrôle interne déjà dénoncé. Cette situation est encore aggravée lorsque le non-respect de règles excessives et non adaptées est sanctionné par la hiérarchie ;

– l'organisation sclérosée qui ne s'adapte pas, ou plutôt ne s'adapte plus. On considère qu'elle a atteint sa forme parfaite et qu'il convient de n'y plus rien changer. On a assez répété à quel point le contrôle interne avait un caractère nécessairement relatif dans un monde en constant changement pour ne pas souligner qu'une organisation qui resterait immobile serait aux antipodes d'un bon contrôle interne. « Je n'aime pas le désordre mais ceux-là m'exaspèrent qui crient ne bougeons plus quand personne encore n'est à sa place », écrivait André Gide. La vérité, c'est qu'il n'existe pas de place ferme et définitive.

Pour s'implanter, un bon contrôle interne doit se situer dans une organisation souple et malléable afin qu'on puisse en adapter en permanence les dispositifs et le fonctionnement pour faire face à des risques toujours nouveaux et toujours imprévus.

L'adaptabilité se traduit également dans l'objectivité.

- **Elle doit être objective**

  Une organisation objective est une organisation qui affecte les personnes aux postes en fonction de leurs compétences (et éventuellement on leur donne la formation nécessaire) et non pas qui adapte les postes aux profils des hommes qu'elle souhaite y placer. Sinon, dès que se produit une mutation ou un départ, on va remettre en cause l'organisation existante avec toute la cascade de risques que cela va entraîner. Ce qui implique, en sus des descriptions de poste dont nous parlerons plus loin, une définition des profils nécessaires et une évaluation régulière des compétences.

  Respecter ces principes, c'est s'économiser la mise en place de dispositifs protecteurs et préventifs ; encore faut-il que soit respecté le troisième principe : celui de la séparation des tâches.

- **Elle doit respecter la séparation des tâches**

  Assurer la séparation des tâches, c'est faire en sorte que certaines d'entre elles, fondamentalement incompatibles, ne puissent être exercées par une seule et même personne.

Or, quatre fonctions de base sont incompatibles dans l'entreprise ; en faire assumer ne serait-ce que deux d'entre elles par une même personne c'est prendre des risques considérables d'erreurs ou de malversations car on crée la tentation à laquelle un jour ou l'autre quelqu'un succombe.

Un inspecteur général, vieux professionnel, disait un jour « sur 100 personnes, il y en a 2 qui sont malhonnêtes ». Et il ajoutait « et sur les 98 qui restent, la moitié serait malhonnête si on leur en donnait l'occasion ». Or, ne pas respecter la séparation des tâches, c'est précisément donner cette « occasion » d'être sinon malhonnête à tout le moins négligent.

Quelles sont ces fonctions basiques qu'il convient de séparer et que faire lorsqu'on se heurte à des difficultés d'application ?

4.1.1. Les fonctions incompatibles

Ce sont la fonction de décision (ou d'autorisation), la fonction d'enregistrement comptable, la fonction financière et la fonction d'exécution.

- **La fonction de décision**

  C'est celle du responsable détenteur d'un budget d'exploitation ou d'investissement chargé de diriger une équipe ou de faire fonctionner une installation, avec éventuellement cumul de ces responsabilités. Il est celui qui décide, donne des ordres, fait le choix de dépenser dans la limite des pouvoirs qui lui sont attribués. Les titulaires de cette fonction se trouvent à tous les niveaux de la hiérarchie : du simple chef d'équipe au directeur d'usine ou au directeur en charge d'une fonction majeure.

Dans tous les cas, ce sont eux qui décident, assument les conséquences de leurs décisions et doivent en rendre compte à l'échelon supérieur. En conséquence de quoi ce sont eux qui supervisent.

- **La fonction d'enregistrement comptable**

  Elle est exercée à chaque fois que l'on procède à une écriture comptable. Cette fonction n'est pas exercée que par des comptables, elle est assumée à chaque fois qu'une information est rentrée dans le système comptable. Avec les systèmes automatiques et décentralisés dans lesquels l'opérateur en début de chaîne procède lui-même à cet enregistrement, ou lorsque l'enregistrement est automatique se crée une dilution de la fonction avec des risques nouveaux auxquels il convient d'être attentif. Ainsi en est-il de l'employé du service du personnel qui enregistre les éléments variables de la paie ou du responsable magasin qui enregistre en comptabilité sur son écran les sorties de matériels.

- **La fonction financière**

  Elle est la troisième qui ne doit pas se cumuler avec l'une ou l'autre des deux précédentes. C'est l'acte de paiement ou de recette qui ne peut être accompli que par quelqu'un dont c'est la fonction exclusive. Cet acte peut se matérialiser de diverses façons : signature ou encaissement de chèques, remise, encaissement ou détention d'espèces, ordres de virement…

  En principe, cette fonction est assurée par un caissier ou un financier qui ne peut exercer aucune autre fonction.

- **La fonction d'exécution**

  C'est celle qui consiste à réaliser la/les tâches commandées par ailleurs. Celui qui exécute ne saurait assumer la responsabilité conjointe de l'une ou l'autre des trois tâches précédentes.

À ces quatre fonctions on ajoute parfois une cinquième qui est la fonction de détention. Elle est exercée par ceux qui détiennent et conservent des biens : magasiniers, gestionnaires de stocks. Mais elle se confond souvent avec la fonction d'exécution et ne présente pas, sauf exception due à la nature de l'activité, d'incompatibilité spécifique.

Exemples de tâches qui ne peuvent être exercées par une seule et même personne dans les domaines achats, ventes et magasin

Achats :
- commande de biens ou services ;
- réception de ces biens ou services ;
- contrôle des factures s'y rapportant ;
- comptabilisation desdites factures.

Ventes :
- réception des paiements clients ;
- enregistrement en comptabilité ;
- contrôle du crédit et gestion des avoirs ;
- rabais et délais de paiement.

Magasin :
- gestion du magasin ;
- réalisation des inventaires ;
- décision de réforme/ventes d'occasion.

Le respect de cette règle n'est pas toujours aisé à mettre en œuvre, il est même parfois des cas où c'est impossible. Alors, que faire ?

4.1.2. Les difficultés d'application

À partir de ces quatre incompatibilités, toute organisation doit mettre en œuvre des dispositifs de contrôle interne adaptés et qui vont la mettre à l'abri des risques nés d'une confusion de fonctions.

Mais trop souvent, la taille même de l'entreprise interdit de disposer des moyens en effectif qui permettraient une bonne application de la séparation des tâches.

Qui ne connaît l'exemple de la secrétaire du patron de PME qui exécute les ordres de son patron, mais commande aussi de son propre chef les marchandises au fournisseur qu'elle choisit, les réceptionne, impute la dépense en comptabilité et paie la facture avec un chéquier qui lui est confié ?

Dans le même ordre, il y a le cas de la petite entreprise avec un comptable qui exécute toutes les tâches d'enregistrement allant jusqu'à y intégrer la fonction financière. Le carnet de chèques à la comptabilité est une situation encore fréquente. Et très souvent les intéressés n'ont pas les moyens de s'organiser autrement.

De plus, les évolutions récentes sont souvent allées à l'encontre du principe de séparation des tâches. Ainsi en est-il de la démarche d'**enrichissement des tâches** – démarche fort louable par ailleurs. Elle conduit par exemple à enrichir la tâche du chauffeur/livreur en lui demandant de faire procéder au règlement de la marchandise livrée. Il est alors chargé d'établir la facture sur son ordinateur portable, de la présenter au client, d'encaisser et de rapporter en fin de journée l'enregistrement à la comptabilité (ou le télétransmettre). Pour cela, il reçoit une formation adéquate et un salaire supplémentaire. Tout serait donc pour le mieux dans le meilleur des mondes s'il n'y avait la question du risque aggravé.

Dans toutes ces situations, il faut donc prévoir des dispositifs compensatoires. Quels sont-ils ?

Ils sont au nombre de trois :

* créer de la polyvalence et faire tourner les personnes. On peut avoir par exemple un comptable, un réceptionniste et un responsable courrier, tous les trois compétents dans les trois fonctions et qui se remplacent périodiquement. La formation polyvalente (moyen) est ici le dispositif retenu. On réduit ainsi la tentation, donc les risques, sans pour autant les supprimer mais nous savons que le risque zéro n'existe pas ;
* procéder à des mutations de postes périodiques. C'est aussi une forme de polyvalence mais beaucoup plus lente puisqu'elle est successive et non plus simultanée. Mais elle permet de respecter la règle d'or : jamais une même personne trop longtemps dans un poste avec confusion de fonctions ;
* enfin, il y a un troisième dispositif : renforcer la supervision hiérarchique. Dans ces cas de figure sensibles, la hiérarchie en charge – nous le verrons – du contrôle de premier niveau (vérification du bon accomplissement) devra intervenir plus souvent et être plus présente pour limiter les risques.

Au-delà de ces interventions relevant du contrôle interne, on peut noter que dans ces hypothèses l'audit interne (s'il y en a un) et/ou le contrôleur interne aura noté que l'on rentrait dans une zone de risques aggravés et aura accentué en conséquence la fréquence de ses missions. Pour réaliser son diagnostic, l'intéressé dispose d'un outil approprié : la grille d'analyse des tâches qui, ventilant les travaux par nature et par exécutant, permet de voir s'il n'y a pas incompatibilité. Mais, nous l'avons vu dans la première partie, ce n'est pas un dispositif de contrôle interne car on ne le met pas en place pour bien maîtriser ; c'est un outil de mesure. Le véritable dispositif, c'est le principe de séparation à respecter.

Ces principes d'organisation étant pris en compte, tout responsable doit mettre en place les trois éléments constitutifs de son organisation :

- l'organigramme hiérarchique pour savoir qui commande à qui ;
- l'analyse de poste pour savoir qui fait quoi ;
- la définition des pouvoirs et délégations pour connaître les limites des pouvoirs de chacun.

4.2. L'organigramme hiérarchique

C'est un document indispensable et essentiel. Il est indispensable car dès qu'une entreprise atteint une certaine taille, il devient impossible à un homme de tout superviser : il faut prévoir des relais de pouvoir.

Et il est essentiel dans la maîtrise des activités. Il doit permettre de répondre sans équivoque à la question : qui commande à qui ? En d'autres termes, quelles sont les relations de pouvoir ? Sans définition précise des relations de pouvoir, le fonctionnement de l'unité concernée devient vite anarchique. La clarté dans les lignes de commandement et de décision est une condition fondamentale pour une bonne maîtrise des activités.

Pour être un bon dispositif, un organigramme hiérarchique doit remplir un certain nombre de conditions :

- il doit être formalisé de façon logique, donc de lecture simple et facile. Cela condamne les dessins informes ou improbables, les papiers griffonnés sur un coin de table, les hiérarchies non écrites censées relever de la tradition orale… ;
- il doit comporter des noms de personnes. L'organigramme hiérarchique n'est pas un organigramme fonctionnel. Ce sont des personnes désignées qui doivent figurer dans les cases ;
- il doit comporter une date et être tenu à jour. L'organigramme traduit une situation à un instant t et il appartient à la hiérarchie de le mettre à jour en temps utile ;
- il doit être communiqué à tous ceux qui y figurent ;
- il peut revêtir plusieurs formes. Les plus connues sont :
  - l'organigramme selon une structure « staff and line »,
  - l'organigramme selon la norme Afnor.

Ce dernier, plus détaillé, permet de noter en sus des personnes responsables les effectifs des différentes équipes et leur intitulé.

Dans l'élaboration d'un organigramme hiérarchique, certaines dérives sont à éviter, qui toutes sont à l'origine d'un affaiblissement du dispositif et donc d'un accroissement des risques :

- l'organigramme en râteau dans lequel un seul responsable a sous ses ordres directs un nombre excessif de collaborateurs. Une telle structure interdit de mettre en œuvre convenablement cet autre dispositif de contrôle interne dont nous parlerons un peu plus loin : la supervision hiérarchique, et c'est prendre un risque considérable ;

- l'organigramme en superpositions successives, du type : le chef du chef du chef. Il conduit à des luttes d'influence, des instructions contradictoires, chacun étant persuadé que c'est à lui qu'il appartient de prendre la décision ;

- l'organigramme fonctionnel qui ne donne pas une représentation valable des relations de pouvoir car une même fonction peut être accomplie par plusieurs personnes et une même personne peut être en charge de plusieurs fonctions.

Il est remarquable de noter :

- qu'un organigramme hiérarchique adopte toujours une forme qui révèle la culture du milieu ;

- que sa simple lecture peut révéler des dysfonctionnements s'il est mal conçu ou incomplet.

Mais pour maîtriser ses activités, il ne suffit pas de savoir qui commande à qui, mais également pour quoi faire.

4.3. L'analyse de poste (ou description de poste)

Décrivant les tâches à accomplir, elle permet de savoir qui fait quoi.

C'est un dispositif essentiel qui met à l'abri de redoutables risques.

- **Les tâches faites en double**

  Si elles sont mal définies ou mal attribuées, on trouvera inéluctablement des tâches faites deux fois par des personnes (ou des services) différentes avec pour corollaire inévitable des résultats différents. La hiérarchie demandera alors que l'on explique ces différences d'où des réunions interminables, des comparaisons qui n'en finissent plus et des tentatives de rapprochement souvent vouées à l'échec. Et cela dans le meilleur des cas car, dans le pire, on aura en prime le dysfonctionnement, l'accident ou la perte de productivité. Bref, toutes les conséquences d'un dispositif de contrôle interne qui n'a pas fonctionné.

Les conséquences peuvent être au moins aussi graves dans le cas de tâches oubliées.

● **Les tâches oubliées**

Ce sont les tâches sans maître : parce qu'il n'y a pas eu d'analyse de poste ou parce que l'analyse de poste étant incomplète, la tâche a été omise.

Illustration

Dans une enceinte industrielle sont implantés un dépôt pétrolier et un centre emplisseur de gaz butane situé à une extrémité du terrain.

On accède au centre et au dépôt en passant par une seule et même entrée où est implanté un poste de garde.

Le centre emplisseur étant un endroit particulièrement dangereux, les personnes et véhicules qui y accèdent sont soumis à des règles de sécurité très strictes : interdiction de fumer, dispositifs anti-étincelles pour les camions…

Les auditeurs internes réalisant une mission sur le centre ont tout naturellement vérifié la bonne application des consignes de sécurité. Et ils ont observé que nombre de camions n'étaient pas munis des dispositifs réglementaires.

Ils ont aussitôt alerté le chef de centre qui, reconnaissant le danger et le bien-fondé de la remarque, a néanmoins fait observer : « Les camions passent par le poste de garde et il appartient aux gardiens de s'assurer que les camions qui viennent dans mon centre sont munis des dispositifs réglementaires ».

Les auditeurs sont alors allés poser la même question aux gardiens du poste de garde, lesquels ont répondu : « Mais ce n'est pas à nous de faire cette vérification, c'est au chef de centre ».

On a alors regardé les analyses de postes des deux parties concernées et cette vérification ne figurait ni sur l'une, ni sur l'autre : tâche oubliée !

La description de poste doit être clairement formulée pour éviter les ambiguïtés. Et ceci élimine :

● les descriptions de poste par exclusion, du type : le titulaire du poste X sera responsable de ceci, le titulaire du poste Y sera responsable de cela et le titulaire du poste Z sera responsable du reste. Le « reste » est la porte ouverte aux tâches oubliées ;

● les descriptions de poste par incertitude, du type : le titulaire du poste sera chargé des questions « importantes »… sans définition des questions importantes.

Le troisième élément de l'organisation est la définition des pouvoirs et des délégations.

4.4. La définition des pouvoirs et délégations

4.4.1. Les pouvoirs

Certes, chacun doit connaître ce qu'il doit faire mais chacun doit également connaître les limites de ses pouvoirs qui doivent être définies par la hiérarchie. On peut être autorisé à signer des notes de frais, à transiger dans un procès, mais jusqu'à quelles limites ?

Si l'on ne fixe pas clairement les latitudes de chacun, on va assister à des dérives qui peuvent être gravissimes. Cette définition des pouvoirs doit, pour remplir son rôle, être :

- écrite ;
- connue des bénéficiaires et de leur hiérarchie ;
- éventuellement connue de certains tiers privilégiés : banques, notaires, administrations, clients/fournisseurs… ;
- mise à jour en fonction des mutations, changements d'affectation… ;
- régulièrement supervisée dans son application par la hiérarchie directe.

4.4.2. les délégations de pouvoir

Ces mêmes règles s'appliquent en cas de délégation de pouvoir.

La délégation de pouvoir est une situation dans laquelle le risque est aggravé puisque le titulaire donne à un tiers la possibilité de se substituer à lui pour exercer les pouvoirs qui lui ont été conférés.

La délégation de pouvoir doit remplir quatre conditions :

- **Conditions relatives au domaine**

  Elle ne peut exonérer le chef d'entreprise de toute responsabilité, certains domaines étant exclus de la délégation comme la sécurité du travail. Le respect des règles relève alors du contrôle interne du chef d'entreprise et non pas de celui du délégataire.

- **Conditions relatives à la qualité du délégant**

  Elle se justifie lorsque l'intéressé ne peut exercer directement sa fonction de supervision et à condition qu'il détienne effectivement les pouvoirs qu'il délègue.

- **Conditions relatives au délégataire :**
  - le délégataire doit avoir la capacité et les compétences pour prendre en charge les pouvoirs délégués ;
  - on doit lui donner les moyens nécessaires pour accomplir la tâche déléguée, et si besoin lui donner la formation adéquate. Les tribunaux

ont maintes fois insisté sur ce point : pas de délégation valable sans moyens adaptés.

La délégation ne peut être donnée à une personne extérieure à l'entreprise, on est alors dans le cadre de la sous-traitance.

- **Conditions spécifiques à la subdélégation**

C'est la délégation de la délégation.

Elle doit être envisagée avec prudence et il est recommandé de rédiger un document.

L'autorisation n'est pas en principe nécessaire, mais la codélégation (cumul de délégations), en revanche, doit être autorisée par la hiérarchie.

Dans tous les cas de figure, la délégation entraîne des risques supplémentaires : la supervision et l'obligation de rendre compte (au besoin par des moyens automatiques) doivent être organisées en conséquence. Ce sont des dispositifs de contrôle interne essentiels et qui vont de pair avec la délégation.

En outre, et surtout lorsque la délégation est lointaine, elle exige un dispositif de contrôle interne plus rigoureux eu égard aux risques encourus.

On se souvient de l'affaire de la banque britannique Baring (1995) : une perte de 1 milliard 100 € avait été enregistrée suite aux agissements d'un trader qui spéculait sur les marchés de produits dérivés asiatiques. Le trader s'autocontrôlait, la supervision sans doute jugée trop difficile à distance n'était prévue par aucune règle de délégation. Il en est résulté la faillite de la banque.

Les règles plus rigoureuses peuvent être les suivantes :

- définition écrite claire et précise des pouvoirs délégués ;
- limites fixées dans le temps ;
- système d'information permettant de savoir en permanence ce qui se passe ;
- supervision hiérarchique stricte, efficace et fréquente.

On voit qu'à l'organisation se rattachent une multitude de dispositifs de contrôle interne qu'il convient d'avoir présents à l'esprit pour ne rien omettre.

5. Les procédures

Un bon dispositif de contrôle interne définit qui commande à qui, précise le contenu des tâches de chacun et explique comment il convient de s'y prendre pour les exécuter : c'est le rôle des procédures.

Trop souvent, on a cru que le contrôle interne n'était que l'ensemble des procédures de l'organisation. Et l'on trouve encore des traces de cette erreur d'interprétation dans certains textes réglementaires. Cette erreur a parfois conduit certains à n'observer que le contenu des procédures pour porter un jugement sur la qualité du contrôle interne. Si les seuls dispositifs de maîtrise des activités étaient les procédures, les organisations fonctionneraient bien mal ! D'ailleurs, on n'a pas attendu l'exposé des théories sur le contrôle interne pour s'organiser en allant bien au-delà des simples procédures.

Cela dit, l'importance des procédures reste considérable et une entité sans procédures, c'est un navire sans mode d'emploi ni règles de navigation : le naufrage n'est pas loin.

Les procédures présentent un certain nombre de caractéristiques. Pour un bon contrôle interne, elles doivent également respecter un certain nombre de principes ; les procédures de reporting étant un cas à part eu égard à leur importance et à leur spécificité.

5.1. Les caractéristiques

Les procédures décrivent des démarches indicatives, elles expliquent ce qu'on doit faire ; elle sont parfois complétées par des guides d'utilisateur.

Elles sont toujours élaborées dans la perspective des objectifs de l'unité à laquelle elles s'appliquent. On reconnaît bien là le principe fondamental de tout dispositif.

Elles sont là pour apporter une aide efficace avec le souci de minimiser les risques.

Elles ne doivent pas être confondues avec les processus car un processus est une démarche indicative qui permet de transformer les données d'entrée en résultats de sortie.

Elles doivent être portées à la connaissance des exécutants, lesquels ont pour mission d'en signaler l'inadaptabilité ou l'obsolescence.

Elles doivent être régulièrement mises à jour, ce qui implique la responsabilité de la hiérarchie chargée de définir ses propres méthodes de travail puisque responsable de son propre contrôle interne.

C'est un moyen de capitaliser les savoir-faire individuels et collectifs, de les stocker et de les mettre en ordre.

On peut les expliciter par des logigrammes qui permettent de visualiser l'enchaînement des actions.

5.2. Les principes

Les procédures doivent être écrites[1], c'est le principe de base, fondamental, qu'il s'agisse d'une écriture papier ou d'une écriture informatisée. Cet écrit se présente sous la forme d'un « manuel de procédures », étant entendu que l'on dit « manuel DE procédures » et non pas « manuel DES procédures », ce qui signifie qu'il peut y en avoir plusieurs, parfois un par poste de travail. L'important est qu'il existe. Dans certaines organisations, les procédures étant totalement informatisées, chacun ne peut avoir accès à l'écran qu'aux procédures concernant son poste. Pourquoi pas, l'essentiel est qu'il les connaisse et y ait accès.

Ceci exclut les « manuels en douze volumes » jamais consultés (sauf en cas d'accidents) et jamais à jour parce qu'hors de la portée des responsables opérationnels.

Sont exclues également les connaissances exclusivement orales. On connaît la remarque « Untel est extraordinaire, il a tout dans la tête » ; et quand il perd la tête, on a un problème…

De même, on doit proscrire le système des notes dispersées, trop souvent contradictoires ou impossibles à retrouver. C'est la pratique de la « note de service n° 2125 » alors que l'on a perdu le souvenir de la « note de service n° 1354 » qui est en contradiction avec elle. **Les procédures doivent impérativement être organisées.**

Les procédures ne doivent pas être le prétexte à compiler des informations ne concernant pas les modalités d'accomplissement des tâches. Elles ne sont pas le support des dispositions légales ou réglementaires qui doivent être communiquées par d'autres moyens (voir partie 3, chapitre 1. Les règles à respecter).

Il existe des procédures plus essentielles que d'autres selon l'importance du risque qu'elles aident à corriger. Citons parmi les procédures fondamentales, et eu égard à son importance, le plan de gestion de crise qui fait souvent l'objet d'un document séparé et doit, en bonne logique, être testé régulièrement. Il inclut nécessairement le plan de continuité d'activité et le plan de continuité informatique avec lesquels on le confond souvent. Il définit les modalités d'alerte et d'organisation des équipes dirigeantes pour tout événement susceptible d'impacter la sécurité, la continuité des activités de l'entreprise ou sa réputation. C'est dire son importance.

---

1. Henry A., *op. cit.*

Parmi les procédures importantes se situe, dans les organisations d'aujour-d'hui, un grand nombre de procédures informatiques dont les procédures de sauvegarde... mais qui n'en sont pas moins des procédures.

5.3. Les procédures de reporting

Il faut faire une place particulière aux procédures de reporting car elles conditionnent l'acheminement de la bonne information à celui qui doit impérativement la recevoir. Ces procédures doivent être conçues pour per-mettre :

- d'alerter ;
- d'informer.

5.3.1. Alerter

Les défaillances, toutes les défaillances, doivent être et pouvoir être portées à la connaissance des responsables. Se tromper est humain, ne pas le dire, le cacher est impardonnable, persévérer est pire encore « Errare humanum est, perseverare diabolicum ! » disaient les anciens.

Les systèmes d'alerte sont nombreux : alertes informatiques, alertes sono-res, alertes en temps réel ou en temps différé, l'essentiel est qu'il y ait une alerte. Tout système, tout processus vital doit bénéficier d'une procédure qui permet d'alerter en cas de défaillance. C'est un élément essentiel du contrôle interne.

Cela implique également que soient définies les actions à entreprendre en cas d'alerte. On retrouve là les problèmes d'organisation : qui fait quoi et quand.

5.3.2. Informer

En dehors de tout dysfonctionnement, les procédures de reporting sont là pour définir les modalités de la transmission de l'information. Dans le cadre normal des activités opérationnelles, les informations doivent être remon-tées à la hiérarchie. Mais certaines n'iront pas plus loin que le premier échelon, d'autres vont créer pour le supérieur l'obligation de faire remonter l'information ou une partie de celle-ci. En effet, au fur et à mesure que l'information remonte, elle devient normalement de plus en plus succincte, ne retenant que l'essentiel. Il y a là un juste équilibre toujours difficile à trouver, et la procédure, ne pouvant tout prévoir, ne donne pas toujours la solution. On peut ajouter « fort heureusement » car sinon on serait en présence d'une usine à gaz ingérable. À cette limite, le contrôle interne change de nature : le bon dispositif est dans la compétence des hommes en place.

Les indicateurs et le contrôle de gestion sont des dispositifs support du reporting. On perçoit bien à quel point il y a souvent emboîtement des dispositifs de contrôle interne, comme des poupées gigognes.

Une procédure, quelle qu'elle soit, reste un dispositif orphelin si son application n'est pas contrôlée, vérifiée.

La vérification est le complément indispensable de toute procédure, laquelle doit toujours s'accompagner de règles de vérification.

La vérification – le contrôle, disent certains – ne s'applique pas qu'aux seules procédures, elle est en soi une famille de dispositifs, variables en la forme, selon les opérations à observer et le niveau auquel elles se situent.

6. LA VÉRIFICATION

On dit aussi « supervision », mot qui vient du latin « super videre » : le regard supérieur, l'avis éclairé de celui qui surveille ou veille sur. Il faut entendre par là le contrôle de premier niveau exercé par la hiérarchie directe. Ces actes de vérification, de supervision sont indispensables pour qui souhaite maîtriser ses activités. « Les gens ne font pas ce que vous attendez d'eux, ils font ce qui est vérifié », dit un dicton avec un brin d'exagération[1]. Ou encore : « Toute chose non contrôlée se détériore ».

On emploie parfois, à tort, le mot « contrôle », d'où des confusions avec le contrôle interne et les « dispositifs de contrôle interne » dont la vérification est un des éléments. Mais qu'est-ce que vérifier ? En quoi consistent les règles de vérification ? Et quelles en sont les conditions d'exercice ?

6.1. L'acte de vérification

Est-ce que la vérification hiérarchique consiste à refaire le travail de ses collaborateurs ? On a tous rencontré des responsables qui s'astreignaient, avec plus ou moins de bonheur, à tout éplucher, tout vérifier, tout mesurer. Travail considérable, qui dévore tout le temps disponible et qui exclut l'essentiel : le travail d'organisation, d'animation, d'imagination, de gestion des hommes et des activités. Vérifier, ce n'est pas cela.

---

1. « People do not do what you expect, they do what you inspect. »

Est-ce que la vérification hiérarchique consiste à observer en permanence ce qui se fait et comment c'est fait ? Faut-il être constamment présent sur les lieux où s'accomplissent les tâches, ce qui implique de ne s'intéresser qu'au présent immédiat à l'exclusion du reste ? Vérifier, ce n'est pas cela.

Alors ?

Vérifier, c'est faire en sorte que chacun sache et soit persuadé que dans son poste de travail, à un moment ou à un autre, on viendra voir ce qui se passe. Ce peut être demain, ou dans dix jours, ou dans trois mois ; et l'on peut revenir le lendemain ou trois semaines ou six mois après. L'essentiel est que chacun sache qu'il est de pratique constante que le supérieur hiérarchique doit, selon une fréquence aléatoire, venir se rendre compte de l'accomplissement du travail et, le cas échéant, procéder à des vérifications.

On pourrait dire qu'entre deux passages, et surtout s'ils sont distants l'un de l'autre, il peut se passer bien des événements conduisant à des prises de risques sans que la hiérarchie en ait eu connaissance. C'est évident, mais le rôle du contrôle interne, et d'un contrôle interne bien conçu, ce n'est pas de supprimer tous les risques, c'est de les réduire et donc d'améliorer : c'est le principe de relativité.

La vérification ainsi conçue, donc bien conçue, suffit pour éviter la tentation, le laisser-aller et mettre à l'abri de l'essentiel. De plus, la supervision, qui entraîne de facto une obligation de rendre compte, peut changer les comportements dans un sens favorable. Le collaborateur sera non seulement mieux averti mais il sera davantage impliqué et donc plus responsable.

Il faut compléter cette remarque par deux observations.

6.1.1. Le faire-confiance

Faire confiance est antinomique avec la notion de contrôle interne. Dans une organisation, celui à qui on délègue des responsabilités et qui est rémunéré pour ce faire n'est pas payé pour faire confiance. Il est aussi là pour contrôler : une de ses tâches consiste à vérifier ce qui se passe dans le secteur placé sous sa responsabilité. On a parfois parlé du « contrôle par la confiance » ; c'est une vision angélique qui finit par sombrer dans le laisser-aller. Vérifier le travail, c'est aussi le gratifier et le valoriser. Et cela n'exclut pas, bien au contraire, l'autodiscipline dont chacun doit faire preuve et qui, assistée éventuellement par des contrôles technologiques, permet un travail de qualité avant toute vérification.

Mais on doit savoir que la vérification ainsi conçue ne peut pas s'exercer partout avec la même efficacité. Plus on monte dans la hiérarchie, plus elle est aléatoire et donc moins elle est efficace. Dans les échelons supérieurs de l'organisation, non seulement on n'a guère le temps d'aller regarder le travail réalisé par le cadre supérieur situé à l'échelon immédiatement inférieur, mais de surcroît on a, pour des raisons de confraternité dues pour l'essentiel au sentiment d'appartenir à la même équipe dirigeante, beaucoup plus qu'ailleurs le réflexe du faire-confiance. On peut même dire que c'est souvent la règle, règle inscrite dans la culture.

Or il faut savoir que lorsqu'il y a défaillance, ce sont à ces échelons élevés de la hiérarchie que se situent les risques les plus importants. Il y a là, et souvent, une importante lacune du contrôle interne.

6.1.2. La trace

Pour être efficace, l'acte de vérification doit toujours laisser une trace de son passage, ou mieux encore, une traçabilité car la trace peut n'être pas visible ou compréhensible. Cette trace peut être un rapport, une simple signature, un visa ou une trace électronique ; peu importe, l'essentiel est qu'il y en ait une. Et qu'elle corresponde à un résultat souhaité.

Pourquoi ? Pour deux raisons :

* la première est que la trace est la matérialisation de la supervision et cette matérialisation est importante, elle est même indispensable pour la prise de conscience de celui qui est vérifié. On sait combien cette prise de conscience est importante pour installer le réflexe d'attention qui donne toute sa valeur à l'acte de vérification hiérarchique. Et cela exclut la supervision cachée, anonyme ainsi que la supervision « par surprise » ;
* la seconde raison est que la trace est indispensable pour l'appréciation du supérieur hiérarchique de second niveau qui en a besoin pour s'assurer que son collaborateur direct n'oublie pas cette mission essentielle.

Préalablement à la vérification, on doit en définir les règles.

6.2. Les règles de vérification

Elles consistent à répondre au préalable aux quatre questions : Quand ? Combien ? Comment ? Qui ?

* Quand ?
  - a priori ?
  - a posteriori ?
  - en temps réel ?

- Combien ?
  - 100 % ?
  - 10 % ?
- Comment ?
  - méthode rationnelle ? (la définir)
  - aléatoire ?
  - programmée ?
- Qui ?
  - la hiérarchie directe ?
  - seul ou à plusieurs ?
  - également un corps de contrôle ou une autorité fonctionnelle ?

Ces règles seront périodiquement revues et adaptées par la hiérarchie et éventuellement le contrôleur interne à l'occasion de leur appréciation du contrôle interne. Si le constat est positif, on allégera éventuellement les règles de vérification ; s'il est négatif, on fixera un niveau plus strict de vérification. On procédera de même à chaque passage de l'audit interne en fonction des constats de la mission.

Pour que ces règles puissent s'appliquer, encore faut-il que certaines conditions soient réunies.

6.3. Les conditions de la vérification

Elles sont au nombre de cinq :

- il faut que celui qui vérifie ait la compétence pour le faire. L'incompétence de la hiérarchie est trop souvent une faiblesse majeure de contrôle interne. Le remède est la formation du management ;
- il ne suffit pas d'avoir la compétence, il faut aussi avoir l'autorité, donc le pouvoir. On retrouve ici la double exigence de l'organigramme hiérarchique et de l'analyse de poste ;
- il faut également que les objectifs assignés soient précis, chiffrés et formalisés. On ne vérifie pas de simples intentions non plus que des objectifs contradictoires ;
- il faut une présence : la supervision à distance ne peut être systématique ; il arrive un moment où il faut se rendre sur place ;
- il ne faut pas tendre des pièges. L'aléa de la supervision est un mode de travail, ce n'est pas une mesure de défiance. On doit informer à l'avance de son passage.

Objectifs, moyens, systèmes d'information, organisation, procédures, supervision : telles sont les six familles identifiables regroupant tous les dispositifs possibles de contrôle interne.

D'autres critères de classement ont pu être retenus. Ainsi celui qui distingue les dispositifs relevant de la gouvernance, ceux relevant du management et les dispositifs dits « techniques ». Mais sous ces catégories, on retrouve le découpage précédent. L'important est que soit retenue une logique de classement.

En effet, ce regroupement n'est pas sans utilité pratique ainsi qu'il va être analysé dans le chapitre suivant.

Ce qu'il faut retenir

Les dispositifs de contrôle interne peuvent être regroupés en six catégories :

1. Les objectifs

Sans objectifs, pas de maîtrise des activités. Ils doivent être simples, compréhensibles, réalistes et cohérents dans toute la ligne hiérarchique. Donc tout ce qui relève des objectifs relève du contrôle interne.

Mais les objectifs permettent aussi de définir les moyens nécessaires.

2. Les moyens

Tous les moyens et surtout les moyens humains souvent déficients en qualité. La formation est alors la solution au risque d'incompétence.

3. Les systèmes d'information

Chaque activité a son ou ses systèmes d'information qui permettent de savoir où l'on va. Ils se présentent souvent sous forme de tableaux de bord qui doivent rester pertinents, c'est-à-dire se limiter aux informations relatives à la réalisation des objectifs.

Les tableaux de bord sont nourris par des indicateurs d'activité, de qualité ou de pilotage qui sont autant de dispositifs de contrôle interne.

4. L'organisation

Elle doit être adaptée, objective et respecter la règle de séparation des tâches.

L'organisation se décline en trois éléments constitutifs :

- l'organigramme hiérarchique qui définit les relations de pouvoir (qui commande à qui). Un bon organigramme hiérarchique met à l'abri des risques de décisions intempestives et d'une direction anarchique ;
- l'analyse de poste qui définit les tâches à accomplir (qui fait quoi) et met à l'abri des risques de travaux faits en double ou de tâches oubliées ;
- la définition des pouvoirs et délégations qui organise les limites des pouvoirs de chacun et met à l'abri du risque de dépassement de pouvoirs. Dans ce domaine, la délégation est à la fois une mesure protectrice et un risque si elle est oubliée, mal organisée ou mal supervisée dans son application.

5. Les procédures

Elles précisent le contenu des tâches de chacun et sont indispensables à un bon fonctionnement de l'organisation. Sans procédures, avec trop de procédures, ou avec des procédures incomprehensibles, on va multiplier les risques et l'organisation sera en panne.

Les procédures doivent être écrites, connues de ceux qui ont à les appliquer, mises à jour et disponibles.

6. La supervision

C'est l'acte de vérification du supérieur hiérarchique. La supervision est essentielle mais ne doit être ni systématique, ni pointilliste ; elle concerne tous les niveaux de la hiérarchie. Elle doit être aléatoire et selon une fréquence estimée en fonction du risque. La supervision est le contrepoint indispensable des règles d'organisation. Elle doit laisser une trace de son passage et comporter des règles définies.

Chapitre 3

Les autres particularités

Le classement par familles aide à mettre un ordre apparent dans un ensemble composé d'une infinité de dispositifs. Mais au-delà de l'apparence, il permet également d'affiner l'approche du contrôle interne dans quatre dimensions significatives :

- l'organisation de la cohérence ;
- la hiérarchisation des dispositifs ;
- l'assistance à l'amélioration du contrôle interne ;
- la lutte contre la fraude.

1. L'ORGANISATION DE LA COHÉRENCE

Le regroupement des dispositifs correspond à une logique fondamentale qui, les mettant en correspondance, révèle une cohérence qui est la garantie de la qualité du système d'ensemble. D'où la définition même de la cohérence qui est « le degré d'articulation existant entre les différentes fonctions des éléments d'un groupe qui permet, à travers la réalisation des objectifs individuels spécifiques, d'atteindre les objectifs collectifs »[1].

On constate en effet que tous les dispositifs s'ordonnent et se complètent selon une cohérence qui donne à l'ensemble sa force et sa rigueur. Les responsables du contrôle interne, c'est-à-dire au premier chef les responsables

---

1. Pech Varguez, *op. cit.*

opérationnels et contrôleurs internes, ne vont donc pas se contenter d'analyser un par un risques et dispositifs correspondants, ils vont analyser la cohérence des différentes familles. C'est cette analyse qui va permettre de construire un système sans contradictions ni redites ni incompatibilités. Et cela d'abord au niveau d'une activité, puis en remontant l'organisation échelon par échelon.

1.1. Les préalables

Ce sont eux qui vont dicter la cohérence d'ensemble.

La définition de la mission, agréée ainsi que nous l'avons vu par la hiérarchie, permet de définir les objectifs. Ceux-ci ne peuvent l'être sans référence précise au quoi et au pourquoi de la mission dont ils sont l'expression chiffrée et mesurable.

Les facteurs de réussite, nécessairement identifiés si l'on veut se donner toutes les chances d'atteindre le but, vont se retrouver matérialisés en dispositifs de contrôle dans la grande famille des moyens. Là encore, le parallélisme est total, et s'il est totalement ou partiellement absent, ou bien l'inventaire des facteurs de réussite restera lettre morte, ou bien on mobilisera des moyens qui risqueront de n'être pas adéquats.

Les règles à respecter doivent nécessairement être prises en compte pour chaque dispositif mis en œuvre. Elles concernent donc toutes les familles puisqu'on ne saurait établir des règles de fonctionnement qui ne soient pas conformes aux obligations légales ou réglementaires.

1.2. Les dispositifs

Cette cohérence va se retrouver à tous les échelons entre lesquels existe une interdépendance qui est la charpente de l'édifice et constitue sa logique intrinsèque :

- les objectifs vont conditionner la définition des moyens à mettre en œuvre. Ainsi est-on conduit à identifier et à calculer au plus juste les moyens nécessaires et à éliminer le superflu. Nous avons vu qu'en cas de contradiction, on peut agir non pas seulement sur les moyens mais aussi sur les objectifs pour rendre les deux termes compatibles ;
- les moyens, qui matérialisent les facteurs de réussite, se retrouvent dans les éléments permettant au système d'information et à ses indicateurs de fonctionner ;
- le système d'information, nourri par les objectifs dont il mesure la réalisation, aide aussi à la supervision ;

- l'organisation met en ordre les moyens et permet à l'ensemble de fonctionner ;
- les procédures sont à prendre en compte pour l'exercice de la supervision au même titre que les éléments des systèmes d'information ;
- et, comme indiqué, la supervision s'exerce grâce à la double connaissance des informations et des règles procédurales.

Le schéma suivant synthétise cette cohérence globale des dispositifs de contrôle interne.

La cohérence des dispositifs

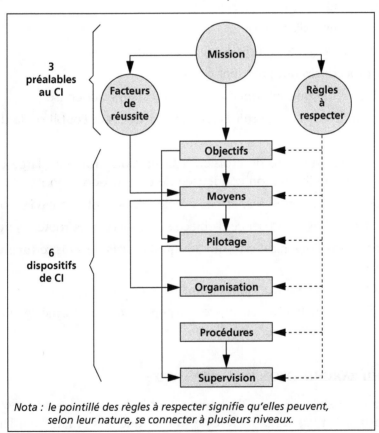

Nota : *le pointillé des règles à respecter signifie qu'elles peuvent, selon leur nature, se connecter à plusieurs niveaux.*

L'interdépendance est donc très forte entre les différents regroupements des dispositifs. S'assurer qu'elle est bien prise en compte est, nous le verrons, un des éléments essentiels de la démarche d'appréciation du contrôle interne.

1.3. L'erreur humaine

Cette cohérence a de surcroît une vertu supplémentaire : elle est un palliatif à l'erreur humaine. Et cette brève observation est fondamentale.

De trop nombreuses catastrophes ont pour origine l'erreur humaine : oubli, distraction, précipitation... À la limite, on ne peut la supprimer, ce sera toujours un facteur de matérialisation des risques. Mais les dispositifs de contrôle interne et la cohérence de l'ensemble – si l'on veille à la respecter – sont un puissant moyen de la minimiser.

En effet, c'est :

- l'empilage et la cohérence des objectifs ;
- + les moyens à disposition ;
- + l'analyse de poste qui dit ce qu'il faut faire ;
- + les procédures qui précisent comment ;
- + la hiérarchie qui, informée par les indicateurs, supervise ;

qui, à la fin des fins va fournir l'élément qui va éviter l'oubli ou la distraction.

La catastrophe du navire de croisière « Costa Concordia » au large de l'île de Giglio est une illustration condensée de cette observation :

- règles à respecter non respectées : règles de sécurité de navigation ;
- objectifs oubliés (ou absence d'objectifs) : respect de la route à suivre... ;
- lacunes dans l'organisation : qui fait quoi en cas de sinistre (analyse de postes) ;
- procédures inexistantes (procédures de sauvetage) ;
- insuffisance qualitative de moyens : personnel non formé, y inclus le capitaine.

2. LA HIÉRARCHISATION DES DISPOSITIFS

Tous les dispositifs de contrôle interne sont indispensables aux responsables, du haut en bas de la hiérarchie, quelle que soit la famille à laquelle ils appartiennent. Mais on observe qu'ils ne pèsent pas tous du même poids selon le niveau hiérarchique qui les utilise.

On constate que les trois dispositifs qui sont en haut de liste : objectifs, moyens, systèmes d'information, sont de plus en plus importants au fur et à mesure que l'on s'élève dans la hiérarchie.

Inversement, les trois dispositifs qui sont en bas de liste : organisation, procédures, supervision, sont de plus en plus importants au fur et à mesure que l'on descend dans la hiérarchie.

Si l'on veut les singulariser, on constate que les trois premiers sont ce que l'on pourrait appeler des dispositifs de pilotage, alors que les trois derniers sont plutôt des dispositifs d'exécution.

De fait, on constate que la hiérarchie de niveau élevé sera davantage concernée par les premiers, alors que la hiérarchie intermédiaire sera plus intéressée par les seconds. Nous ne sommes pas en train de dire que certains dispositifs ne concernent que quelques-uns ; tous sont concernés par tous. Mais le niveau d'intérêt et de préoccupations n'est pas le même.

Illustration

Dans une usine :

1. Pour le directeur

Les objectifs à atteindre constituent son souci quotidien, c'est sur ce point que son action sera jugée. Il est donc important qu'ils soient précis, chiffrés et déclinés dans toute l'usine.

Pour atteindre ces objectifs, il doit constamment veiller à maintenir les moyens nécessaires : problèmes humains (effectifs), financiers (budgets), matériels (investissements).

Le système d'information de l'usine et un certain nombre d'indicateurs clés le renseignent en permanence sur tous ces paramètres.

On peut dire sans crainte de se tromper que ces trois familles de dispositifs sont là pour le mettre à l'abri des risques, pour lui essentiels.

En revanche :

L'organisation : certes, il va bien se préoccuper de l'organisation de l'usine et éventuellement gérer les conflits. Mais l'essentiel est réglé une fois pour toutes et l'organisation des équipes de travail au quotidien, ce n'est pas sa préoccupation journalière.

De même, s'il veille à ce que chacun fonctionne avec des procédures, il a des collaborateurs pour veiller à leur mise à jour et à leur application.

Enfin, ce n'est pas lui qui supervise le travail des responsables, il s'assure seulement que la hiérarchie est bien sensibilisée à ce problème. Nous avons même vu que culturellement, il ne se préoccupe peut-être pas toujours de la supervision de ses collaborateurs directs.

2. Pour le responsable du self-service de l'usine

Ses objectifs sont simples et fixés une fois pour toutes en début d'année : assurer la restauration de tant de personnes par jour selon les horaires indiqués.

De même pour les moyens qui lui sont alloués : effectifs, budgets, matériel de cuisine.

Quant à son système d'information, il est relativement simple : suivi des dépenses pour l'essentiel.

Ces trois familles de dispositifs n'occupent pas l'essentiel de son temps.

En revanche :
- la façon dont il organise ses équipes, le contenu des tâches de chacun, les adaptations quotidiennes en fonction des absences, des horaires, etc. ;
- les procédures de travail : cuisine des menus, achats des denrées, respect des horaires ;
- la supervision en permanence du personnel au travail.

Tous ces éléments vont constituer la base de son activité journalière.

3. L'ASSISTANCE À L'AMÉLIORATION DU CONTRÔLE INTERNE

Elle se manifeste d'un triple point de vue :
- visibilité du système ;
- détection des anomalies ;
- contribution de l'audit interne.

3.1. Visibilité du système

Le classement des dispositifs permet également à chacun de présenter clairement son système de contrôle interne, de l'expliquer, de le comparer et donc de le rendre plus efficace parce que plus compréhensible.

En réponse à la question : « quelle est l'organisation de votre contrôle interne ? », il n'est plus besoin de se lancer dans des discours confus et sans fin, il suffit d'énoncer, avec les dossiers correspondants à disposition :
- voici mes objectifs ;
- les moyens mis en place pour les atteindre ;
- le système d'information et les indicateurs pour en surveiller l'évolution ;
- l'organisation qui décrit et définit les pouvoirs de chacun ;
- les procédures qui fixent les modes d'emploi à respecter ;
- et les règles de supervision qui vérifient la bonne exécution.

Du même coup, c'est un moyen de preuve pour le cas où celui-ci serait nécessaire.

3.2. Détection des anomalies

Lorsque le responsable hiérarchique ou le contrôleur interne constatent une défaillance, un dysfonctionnement et cherchent à l'améliorer, ils en recherchent la cause. La démarche est la même pour l'auditeur interne en vue d'énoncer sa recommandation. Et l'on sait que toute recommandation des auditeurs internes doit conduire à l'amélioration du contrôle interne.

Le problème, qui se pose aux deux, est alors de savoir : suis-je bien dans le système de contrôle interne ? Est-ce que l'amélioration que je compte entreprendre ou la recommandation que je vais formuler va bien se traduire par une meilleure maîtrise des activités ?

On connaît l'exemple du jeune auditeur, encore inexpérimenté et qui, constatant une erreur, en recherche la cause. Il constate que la procédure régissant l'opération n'a pas été respectée. Il considère que c'est là la cause du dysfonctionnement et fait la recommandation : « Il faut respecter la procédure ».

Cette recommandation est un vœu pieu, elle ne change rien au contrôle interne.

Cela recommencera demain.

Il fallait se demander pourquoi la procédure n'avait pas été respectée :

- parce qu'elle était mal écrite ou incompréhensible ? Il faut la refaire. On *modifie* les procédures, on est bien dans le contrôle interne ;
- parce que celui qui devait l'appliquer n'avait pas la compétence pour le faire ? Il faut le former. Il s'agit donc des *moyens qualitatifs*, on est bien dans le contrôle interne ;
- parce que celui qui était chargé de superviser ne l'a pas fait ou mal fait ? Il faut préciser l'analyse de poste et informer la hiérarchie. Il s'agit de la *supervision*, on est bien dans le contrôle interne.

Au total, l'intériorisation des différentes familles de dispositifs permet de bien identifier les progrès à accomplir et de faire progresser la qualité du contrôle interne.

3.3. Contribution de l'audit interne

On s'est parfois demandé si l'audit interne n'était pas constitutif du contrôle interne puisqu'il contribuait à l'améliorer. En réalité, l'audit interne n'est pas un dispositif de contrôle interne puisque, comme le contrôle de gestion, il est en soi une fonction. Et, comme ce dernier, il a son contrôle interne avec ses dispositifs qui permettent de le gérer avec le minimum de risques. Or, chacun de ces dispositifs est un élément constitutif du contrôle interne de l'entreprise.

Ainsi, faire l'analyse du contrôle interne d'un service d'audit interne c'est s'interroger sur :

- ses objectifs : c'est le plan d'audit à réaliser ;
- ses moyens : ce sont essentiellement des moyens qualitatifs de compétence, d'où l'importance de la formation des auditeurs ;
- son système d'information : ce sont la cartographie des risques, le plan d'audit et le suivi du plan ;
- son organisation : ce sont la composition, la structuration et la direction des équipes ;
- ses procédures : c'est la méthodologie d'audit, matérialisée par le manuel d'audit interne et les normes professionnelles ;
- sa supervision : c'est le suivi des missions et recommandations.

Ainsi le contrôle interne organisé permet-il à l'audit interne d'être une fonction mieux maîtrisée et donc plus efficace... ce qui contribue à enrichir le contrôle interne de tous. C'est donc un cercle vertueux dont tous bénéficient.

Mais ce regroupement par familles permet aussi de mieux lutter contre la fraude.

4. La lutte contre la fraude

Le triangle de la fraude de Cressey nous enseigne que celle-ci résulte de la conjonction de trois éléments :

- une pression extérieure qui incite à rechercher rapidement un bénéfice ;
- une opportunité locale comme celle que nous avons évoquée à l'occasion de l'énoncé du principe de séparation des tâches ;
- une justification identique à celle ressentie à l'occasion du mauvais exemple du management.

Or, de même que certaines familles de dispositifs sont plutôt adaptées au pilotage et d'autres à l'exécution, de même on peut observer que d'autres sont mieux adaptées pour prévenir le risque de fraude et faire échec aux trois éléments de Cressey. En d'autres termes, pour renforcer la lutte contre la fraude, on a intérêt à développer ces dispositifs, et tout affaiblissement dans leur mise en œuvre augmente les risques de fraude.

On peut identifier douze de ces dispositifs ou familles de dispositifs particulièrement sensibles à notre sujet.

L'organigramme hiérarchique

S'il n'y a pas de définitions rigoureuses des relations de pouvoir, si l'on ne sait pas avec précision qui commande à qui, et en particulier s'il peut y avoir en parallèle plusieurs personnes susceptibles de répondre aux échelons subalternes, on crée la confusion et les lacunes. Les fraudeurs vont pouvoir profiter de cette situation pour monter des opérations.

La définition des pouvoirs et délégations

Si les latitudes des détenteurs de pouvoir ou de leurs délégataires ne sont pas clairement fixées, la porte est ouverte : sans limites de pouvoirs on peut tout faire. La tentation sera grande et surtout pour celui à qui on a délégué un pouvoir à exercer dans des régions lointaines.

La séparation des tâches

On a assez insisté sur ce point essentiel en matière d'organisation. Pouvoir à la fois commander, payer, enregistrer, c'est avoir les moyens de tout faire, même l'indésirable.

La supervision hiérarchique

C'est sans doute un des moyens les plus importants pour lutter contre le risque de fraude... s'il est exercé avec sérieux et de façon rationnelle. Toute tâche non vérifiée se détériore et l'on crée ainsi la tentation.

La réglementation du trafic d'influence

Il s'agit de la procédure qui vise à réglementer les cadeaux et autres avantages directs ou indirects susceptibles d'être consentis. Il peut y avoir une apparence d'absence de contrepartie. Ce ne peut être qu'une apparence, il y a toujours une contrepartie, fut-elle potentielle. Elle finit par créer une sorte de fausse « obligation morale » (il faut « rendre ») à laquelle on cède souvent.

L'existence d'une réglementation va réduire le risque, encore faut-il que, comme pour toute procédure, on surveille sa bonne application.

La réglementation des conflits d'intérêt

Comme dans le cas précédent, il s'agit d'une procédure qui doit éviter la confusion entre les intérêts de l'entreprise et ceux des individus. Quand l'intérêt personnel est en conflit avec celui de l'organisation, les risques de fraude existent ; les exemples sont légion : « le conflit d'intérêt est présent chaque fois qu'une entente directe ou indirecte, affichée ou camouflée, existe entre le contrôleur et le contrôlé, le fournisseur et l'acheteur, le client et le commercial dans le but de privilégier le chiffre d'affaires au détriment de la déontologie »[1].

Là également, on ne doit pas oublier la nécessaire supervision hiérarchique.

Organisation et gestion des identifiants et mots de passe

Dispositifs spécifiques de contrôle interne qui relèvent à la fois de la définition des pouvoirs et des moyens (informatiques) qui vont en être le support. En effet, l'anonymat dans les opérations informatiques crée les conditions de l'insécurité et peut être à l'origine de fraudes considérables.

Organiser une vérification systématique des entrées sur les fichiers informatiques sensibles

On est là dans le domaine des procédures informatiques. Il est impératif que ceux qui interviennent sur les fichiers sensibles aient pouvoir pour le faire et soient identifiés à chaque opération. Cela doit être précédé d'une liste précise de ce qu'il faut entendre par « fichiers sensibles » : éléments variables de la paie, rabais clients, fichiers de prix... et, bien évidemment soumis à supervision, et à condition que le superviseur ne soit pas concerné par l'opération qu'il supervise.

Prévoir la transparence des opérations

Que ce soit dans le domaine de la supervision hiérarchique, dans celui des opérations comptables ou dans les actes d'exécution opérationnels, on doit toujours laisser une trace des opérations réalisées.

Cette règle doit figurer dans tous les manuels opératoires : elle permet de reconstituer le fil des opérations et de remonter à la source. Cette facilité est particulièrement utile en cas de panne, d'incident, de sinistre. Mais de plus, son absence met les fraudeurs à l'abri des tentatives d'identification.

---

1. Pons N., « Le conflit d'intérêt autour de l'entreprise », *Audit et contrôle internes*, n° 205, juin 2011.

Réaliser une analyse régulière des comptes débiteurs et créditeurs

Il s'agit là d'une procédure comptable. S'enquérir régulièrement de ce qui reste dans les comptes débiteurs et créditeurs met à l'abri des manipulations comptables qui ont pour support des inscriptions dans des « comptes suspens » que personne ne regarde jamais, d'où l'intérêt qu'il peut y avoir à les regarder.

Faire des rapprochements fréquents

Les auditeurs internes le savent bien : le rapprochement est le moyen de détecter les anomalies et donc, également, les fraudes ou tentatives. C'est une procédure opératoire que l'on peut mettre en place dans de nombreux domaines. On peut rapprocher :

- l'effectif avec le nombre de bulletins de paie ;
- les kilomètres parcourus en voiture par un membre du personnel avec ceux qui lui sont remboursés ;
- les approvisionnements de la caisse avec les paiements réalisés en espèces par la même caisse ;
- les prix payés à un fournisseur avec les prix catalogue ;
- etc.

La rigueur du management

Il ne s'agit pas là d'un dispositif de contrôle interne mais d'un préalable au contrôle interne. C'est ici la qualité de l'environnement de contrôle qui est soulignée et, en particulier, celle d'un de ses éléments les plus significatifs : l'exemplarité du management. S'il y a là des lacunes significatives, c'est la qualité du contrôle interne dans son ensemble qui laisse à désirer. En conséquence de quoi les fraudeurs ont la partie facile.

C'est probablement un des points les plus sensibles : il vise le troisième élément du triangle de Cressey, celui de la justification que recherche le fraudeur (« Pourquoi ne le ferais-je pas ? Tout le monde le fait »).

Comme les autres risques, la fraude éloigne des objectifs, elle est de plus mortifère pour une organisation. C'est dire l'importance qu'il y a, pour chaque responsable, à être particulièrement attentif à ces familles de dispositifs, ou dispositifs élémentaires.

Mais encore faut-il que le contrôle interne ait été mis en œuvre de façon rationnelle et soit piloté avec efficacité.

Ce qu'il faut retenir

Le classement dans les dispositifs de contrôle interne permet certaines avancées qui sont autant d'améliorations dans la qualité et l'efficacité du contrôle interne. Elles sont au nombre de quatre.

1. L'organisation de la cohérence

Ce regroupement permet de vérifier la cohérence qui doit exister entre les différents dispositifs. On évite ainsi des constructions sans logique ni relations, voire avec des contradictions. C'est également une garantie contre l'erreur humaine.

2. La hiérarchisation des dispositifs

Ils ne pèsent pas tous du même poids selon que l'on se situe en haut ou en bas de la hiérarchie ; il convient de ne pas perdre de vue cette relativité dans l'appréciation des dispositifs.

3. L'assistance à l'amélioration du contrôle interne

Ce classement permet à tous ceux qui sont en charge de l'amélioration du contrôle interne (responsables opérationnels, contrôleurs internes, auditeurs internes) de ne pas se tromper de cible quand ils visent à prendre des mesures pour se préserver des risques.

4. La lutte contre la fraude

Certains dispositifs, ou familles de dispositifs, sont particulièrement sensibles à la fraude. S'ils sont omis, mal conçus ou non supervisés, les risques de fraude augmentent. Ils doivent donc faire l'objet d'une vigilance particulière.

Partie 4

Mise en œuvre et pilotage du contrôle interne

Mettre en œuvre et ensuite s'organiser pour piloter un système de contrôle interne dans une organisation implique la définition d'un projet qui concerne toutes les parties prenantes du haut en bas de la hiérarchie. Et cela oblige :

- à prévoir dès le départ l'organisation d'une véritable entreprise à mener à terme selon des modalités que nous allons définir ;
- à connaître dès cet instant, et pour les prendre en compte, les éléments à retenir pour maintenir et piloter le système.

On prendra soin de s'informer sur les référentiels existants, la législation concernée, les expériences passées et toute documentation pouvant exister sur le sujet.

On prendra connaissance avec intérêt de l'excellent cahier de la recherche de l'IFACI sur le sujet[1].

Il y a donc en tout premier préalable, et pour ceux qui vont être les initiateurs, une phase de prise de connaissance, de documentation et de brainstorming indispensable.

Le pari qu'il faut gagner est l'élaboration et la mise en place d'un contrôle interne adapté à l'organisation. Le contrôle interne n'est pas et ne peut pas être un produit fini que l'on achète sur le marché : c'est toujours un costume sur mesure. On ne retiendra donc des logiciels « tout faits », des modèles vendus « prêts à porter » que ce qu'on peut en retenir : des réservoirs d'idées dans lesquels on pourra puiser. Mais après cela, l'essentiel reste à faire, c'est-à-dire :

- remplir les conditions indispensables à la mise en œuvre ;
- dérouler une méthode rigoureuse de mise en place ;
- assurer le pilotage pour maintenir en l'état.

© Groupe Eyrolles

---

1. IFACI (2011), « Des clés pour la mise en œuvre et l'optimisation du contrôle interne », *op. cit.*

Chapitre 1

Les conditions de la mise en œuvre

On peut imaginer une organisation qui fonctionne sans réflexion préalable sur le contrôle interne : on fait alors du « contrôle interne intuitif », ce qui laisse subsister nombre de risques sans garantie de couverture. Tous ceux qui se sont lancés dans l'aventure d'une remise à niveau (pour ne pas dire d'une mise à niveau) l'ont parfois fait pour répondre à des exigences réglementaires (voir les réglementations évoquées dans la seconde partie), mais quelle que soit la motivation, la mise en œuvre exige impérativement :

- que soient réglées un certain nombre de questions préalables ;
- que l'on veille aux solutions à apporter aux difficultés possibles ;
- et que l'on s'attache à mobiliser les conditions de la réussite.

1. LES PRÉALABLES

Ils sont au nombre de six et sont à ce point préalables qu'on ne saurait faire l'impasse sur aucun d'eux.

1.1. La qualité de l'environnement de contrôle

Agir dans un environnement de contrôle favorable est plus que le premier préalable, c'est le préalable indispensable sans lequel rien ne peut se construire dans notre domaine.

La première chose à faire est donc d'apprécier cet environnement pour savoir si les conditions sont remplies pour que le message puisse être reçu par tous. Nous avons vu que l'IFACI a élaboré un cahier de la recherche définissant une méthode pour apprécier les aspects culturels du contrôle interne. Mais en tout état de cause, et plus simplement :

- on veillera à s'assurer que la direction générale est bien porteuse du projet et le prend à son compte. Pour réussir, tout devra procéder de l'échelon le plus haut de la hiérarchie. Mais si c'est indispensable, ce ne saurait être suffisant ;

- il faut également que le management, tout le management, soit bien persuadé qu'il va devoir s'approprier les dispositifs à mettre en place et qu'il doit être le moteur du changement. Pour parvenir à cet état de collaboration, il faut sans doute prévoir des formations adéquates ou à tout le moins des séances de sensibilisation animées par des personnes qualifiées et convaincues. Le service d'audit interne de l'entreprise a un rôle positif à jouer en ce domaine ;

- a contrario, il ne faut pas que les responsables puissent penser qu'il y a des spécialistes pour s'occuper de cela et qu'il leur suffit de rester neutres ; ce sont eux qui doivent devenir les spécialistes. Se dessaisir, ne pas s'approprier, c'est aller à l'échec ;

- d'autres facteurs, plus personnels peuvent intervenir :
  - lorsque les individus ne connaissent pas bien ce qui est attendu d'eux,
  - lorsqu'ils considèrent ne pas avoir les compétences,
  - lorsqu'ils sont plus motivés par leur carrière que par le devenir de l'entreprise.

Si l'on constate une indifférence largement répandue chez les managers qui considèrent qu'on leur fait perdre un temps précieux, une direction générale qui se contente d'une annonce symbolique puis passe à autre chose sans se soucier du suivi…, alors l'environnement de contrôle n'est pas arrivé à un degré de maturité suffisant pour que l'on puisse se lancer dans l'aventure. Dans ce constat, le regard porté par les intéressés sur le risque est particulièrement éclairant : si nul ne s'en soucie, on est dans l'impasse.

Alors que faire ?

S'armer de patience et entreprendre tout ce qu'on peut imaginer pour faire évoluer la culture. En premier lieu, il faudra que les initiateurs du projet (internes ou externes) s'efforcent de convaincre la direction générale. Mais l'histoire nous démontre que dans la plupart des cas, il faut attendre le changement d'hommes pour progresser.

Et si l'environnement de contrôle est favorable, il faut avant toute action que soient remplies un certain nombre d'autres conditions.

1.2. L'équipe projet

Sauf dans le cas de petites structures, il est indispensable d'organiser une équipe projet qui va piloter la mise en place du contrôle interne. Pour bien remplir son rôle, cette équipe doit respecter un certain nombre de conditions :

- elle doit être constituée autour d'un noyau dur de quelques personnes qui vont suivre la réalisation de bout en bout et assurer sa cohérence. Parmi celles-ci figureront :
  - un ou deux membres de l'audit interne qui sont, en principe, les spécialistes de la question,
  - le *risk manager* s'il existe,
  - et le contrôleur interne s'il y a un poste central pour cette fonction ;
- elle va comporter des éléments variables constitués par les managers des différents services/directions/processus au fur et à mesure qu'ils seront traités, ainsi que leurs contrôleurs internes s'ils leur sont rattachés ;
- il n'est pas interdit à l'équipe projet de s'adjoindre des éléments extérieurs, spécialistes qui viendront apporter leur compétence soit en contrôle interne (cabinets d'audit) soit sur des thèmes spécifiques lorsqu'ils seront abordés (systèmes d'information, processus techniques…). Mais on veillera à ce que les intervenants extérieurs ne s'approprient pas la démarche ;
- l'équipe projet doit être dirigée par un responsable de l'entreprise dont l'autorité est reconnue. Désigné par le président ou le directeur général, il doit avoir une bonne expertise du sujet et avoir été, autant que faire se peut, un manager opérationnel aux compétences reconnues. Il est en effet essentiel qu'il soit reconnu par ses pairs comme un interlocuteur compétent et que ceux-ci soient persuadés qu'ils ont en face d'eux quelqu'un qui connaît leurs problèmes, comprend leur point de vue et donc saura trouver les solutions adéquates.

On peut imaginer que, dans les grandes organisations, l'équipe projet rende compte périodiquement à un comité de pilotage. Dans ce cas de figure, ce dernier aura à :

- valider les étapes de la mise en place ;
- identifier les aléas et difficultés ;

- allouer les moyens ;
- régler les conflits.

Mais à défaut de comité de pilotage, il faudra prévoir un compte rendu d'avancement à intervalles réguliers devant le comité de direction, le comité d'audit ou la direction générale. Il ne faut pas omettre l'information au conseil qui – selon les préconisations de l'IFA[1] – doit « être saisi aux étapes clés de la conduite du projet et être associé le plus en amont possible et non pas uniquement lors de la validation finale ».

C'est cette équipe projet qui, dès sa constitution, va veiller à la mise au point des autres préalables ci-après évoqués.

1.3. Le référentiel

Il faut être au clair sur la structure générale du système de contrôle interne que l'on souhaite mettre en place, donc choisir et/ou définir un référentiel. Ce choix implique du même coup le choix d'une définition du contrôle interne.

Il est inutile de chercher à réinventer la roue ; on choisira donc parmi les référentiels existants celui qui semble le mieux adapté en l'enrichissant éventuellement d'autres apports et en y ajoutant les spécificités que peuvent exiger les particularismes de l'organisation.

Mais il est indispensable de disposer d'un cadre de contrôle dans lequel vont s'inscrire la démarche et les dispositifs.

On pourra par exemple retenir le cadre de l'AMF, enrichi des considérations du COSO 2 sur le management des risques. On prendra également en compte les réglementations éventuelles propres à l'activité de l'entreprise. Mais on ne saurait recommander ici un modèle spécifique dès l'instant que l'on sait que le contrôle interne doit être avant tout adapté à l'organisation dans laquelle on va l'implanter.

À partir du moment où l'environnement de contrôle peut être considéré comme acceptable, le choix du référentiel doit aider à s'assurer :

- que les objectifs de l'organisation sont clairement définis et connus de tous les acteurs ;
- qu'il y a dans l'organisation une bonne information et une bonne communication ;

---

1. IFA : Institut français des administrateurs.

- que le management des risques est en place et fonctionne conformément aux données stratégiques ;
- que les activités de contrôle sont identifiées, qu'elles sont en relation avec les risques et matérialisées par des dispositifs adéquats ;
- qu'on a fait le choix d'un mode de classement des dispositifs de contrôle interne ;
- que sont précisées les modalités de pilotage et que les responsabilités sont convenablement définies.

1.4. Le périmètre du contrôle interne

L'équipe projet devra définir, en accord avec la direction, la ou les zones dans lesquelles le projet va se développer. Précisons aussitôt qu'il ne saurait être question de limiter le champ d'application à une activité, un service, un processus ou un établissement. Dans une structure juridique définie, le contrôle interne est global ou n'existe pas : c'est une addition de comportements, de procédés et de règles qui s'appliquent partout. Ses différentes composantes sont indissociables.

Le problème à résoudre du périmètre concerne deux cas spécifiques :

- **Le cas des filiales**

  Il n'y a pas de réponse définitive car cela dépend grandement du niveau d'autonomie desdites filiales. Cela dépend également de leur position géographique. S'il s'agit d'une filiale implantée à l'étranger, dans un pays de culture différente, on est alors conduit à lui laisser toute latitude pour organiser son contrôle interne lorsqu'on sait à quel point ce dernier est influençable par la culture. En revanche, il est recommandé de lui donner des directives pour entreprendre un projet identique avec, le cas échéant, la mention – plus ou moins directive – d'un référentiel.

  Mais si on est dans le cas d'une filiale entretenant des relations étroites de travail avec une maison mère qui a une participation importante, il est tout à fait logique de lui étendre le périmètre du projet en cours. D'autant plus si la culture environnante est comparable.

  En d'autres termes, un des critères à retenir est de savoir si l'on est en présence d'une simple participation financière ou d'une filiale qui livre des matériels ou services qui vont s'intégrer dans les processus de production ou de vente. Dans le premier cas, la liberté sera la règle ; dans le second, on ne peut s'exonérer de l'extension à la filiale du projet contrôle interne. Ce dernier cas rejoint d'ailleurs celui des sous-traitants.

- **Le cas des sous-traitants**

  C'est un cas plus délicat, pour deux raisons. Le sous-traitant est juridiquement indépendant, souvent jaloux de cette indépendance qu'on ne saurait lui contester. Mais, seconde raison, le sous-traitant livre des biens, des matériels, des services qui peuvent générer des risques graves dans l'entreprise s'ils ne sont pas conçus de façon adéquate (on connaît le même type de problème avec la qualité). La logique exige donc qu'une démarche de contrôle interne visant à réduire les risques soit étendue aux sous-traitants, faute de quoi le projet va comporter de graves lacunes.

  La solution consiste à inclure le projet, son développement, son implantation et son pilotage dans le contrat de sous-traitance.

En tout état de cause, ces deux aspects du périmètre sont à résoudre avant le lancement du projet.

1.5. La granularité du contrôle interne

C'est une question essentielle qui se pose au tout début du projet mais qui continuera à se poser tout au long de son déroulement et de sa mise en place.

Faut-il prévoir un contrôle interne souple, aux mailles assez lâches et qui laisse passer un certain nombre de risques ou au contraire faut-il prévoir des dispositifs rigoureux, stricts et qui ne laissent passer que le menu fretin ?

Nous avons vu avec le COSO 2 et le management des risques que cette granularité doit être en cohérence avec les notions d'appétence et de tolérance qui doivent donc être clairement définies avant toute mise en ordre du contrôle interne. Il ne saurait y avoir de contradiction : il s'agit là d'un **préalable indispensable** dont l'équipe en charge du projet doit se préoccuper.

Il n'y a que des réponses graduées à cette question mais il faut des réponses. En fait, il doit y avoir une réponse globale et immédiate assortie de réponses spécifiques et décalées.

1.5.1. La réponse globale

Elle concerne les risques généraux de l'entreprise, ceux qui sont gérés par la direction générale et les responsables de haut niveau : risques stratégiques, risques majeurs susceptibles de mettre en cause les objectifs de l'organisation tout entière. Pour ceux-là, le choix va dépendre à la fois de la nature de l'activité et des options prises en matière d'appétence pour le risque, comme déjà évoqué avec le COSO 2.

Dans le cas d'une entreprise innovante, à la conquête de ses marchés, qui souhaite conserver une grande liberté d'action et une grande vitesse de réactivité, il ne faut pas créer des rigidités, des procédures tatillonnes, des organisations démultipliées, des supervisions trop étouffantes. C'est une entreprise dans laquelle la politique de risque, validée par le conseil, fait le choix de prises de risques assorties d'une tolérance au risque assez élevée.

Dans ce type d'entreprise, on va choisir de mettre en place un contrôle interne souple, léger, donc une granularité faible... à ne pas confondre, comme on le fait parfois, avec l'absence de contrôle interne.

En revanche, dans le cas d'une entreprise importante, avec des activités générant des risques nombreux, soumise à une réglementation stricte qui doit être impérativement respectée, qui ne saurait s'aventurer dans des prises de risques inconsidérées et qui de surcroît est plus dans une situation de stabilité et de conservation que dans une situation de conquête, dans ce cas, on va faire le choix d'un contrôle interne précis, rigoureux, exigeant : un filet avec des mailles resserrées, donc une granularité forte.

De même que dans le cas précédent il ne fallait pas tomber dans l'erreur de l'absence de contrôle, de même ici il ne faut pas tomber dans l'excès de contrôle interne dont nous avons vu les inconvénients (voir partie 1, chapitre 3).

Mais dans un cas comme dans l'autre, c'est un choix de direction qui se déduit tout naturellement de la politique de risque et qui doit être fait au début du processus de mise en place car ses conséquences vont irriguer tous les travaux postérieurs.

Il n'en est pas de même pour les réponses spécifiques.

1.5.2. Les réponses spécifiques

On parle ici au pluriel car la question va se poser à chaque fois que l'on va aborder le choix et la mise en place des dispositifs de contrôle interne de chaque activité, processus ou fonction.

On verra que cette mise en place exige une réflexion sur le risque. C'est en fonction de cette réponse que l'on va décider de la granularité et multiplier ou, au contraire, réduire le nombre et l'intervention des dispositifs, y compris les moyens à mobiliser. À ce stade, on va donc infléchir dans un sens ou dans l'autre la réponse globale.

S'agissant de la granularité de la fonction « archive », jusqu'à quel niveau de détail va-t-on descendre ?

Le risque étant considéré comme relativement faible, on ne va pas en faire une analyse détaillée, quelle que soit l'entreprise, et on va se contenter de prévoir :

• une procédure d'archivage définissant règles, méthodes et moyens à mettre en place ;
• une supervision annuelle visant à s'assurer de la bonne application de la procédure.

En revanche, s'il s'agit d'apprécier la granularité du contrôle interne du fonctionnement d'un poste de chargement de camions pour matières dangereuses, on va découper l'opération « chargement » en tâches élémentaires, définir pour chacune d'entre elles les risques et dispositifs à prévoir et donc, au total, disposer d'un ensemble de dispositifs nombreux, précis, détaillés et dont la bonne application sera supervisée en continu à l'aide de moyens adéquats (vidéosurveillance, par exemple).

Alors que dans le cas précédent l'analyse de granularité ne portait que sur le poste « fonction archive », dans ce cas-ci elle portera sur :

• procédures de vérification à l'arrivée du camion ;
• autorisation d'entrée ;
• formalités de pesage, vérification des ponts-bascule ;
• procédures de chargement : consignes de sécurité, modalités d'exécution ;
• enregistrement des données ;
• pesage après chargement ;
• sortie et remise des documents au poste de garde ;
• vérification des documents ;
• autorisation de sortie.

Dans le premier cas, deux ou trois dispositifs de contrôle interne sont donc à prévoir, dans le second cas, plusieurs dizaines.

On voit également dans cet exemple que les règles qui peuvent exister (règles juridiques pour l'archivage, règles de sécurité pour le poste de chargement) vont avoir une incidence sur les choix qui seront faits, non seulement la nature des règles mais également les sanctions possibles en cas de défaillance. Et ici on va de la simple non-conformité dans le premier cas à des possibilités d'inculpation pénale dans le second. Cela confirme la nécessité, déjà soulignée, de bien connaître les règles à respecter.

L'audit interne va jouer un grand rôle dans l'adaptabilité des dispositifs mis en place à l'importance ressentie du risque. Mais avant l'intervention des auditeurs, c'est aux managers responsables qu'il revient de ne pas considérer les dispositifs en place comme rigidifiés à jamais.

Avant de passer à la mise en œuvre proprement dite, l'équipe projet doit définir, entreprendre et mener à terme une sixième action.

1.6. La mobilisation

On pourrait presque dire « la mobilisation générale » et celle-ci doit impérativement être conduite avec le soutien actif de la direction ; et ce quelle que soit la raison d'être du projet : volonté managériale ou conformité à des dispositions réglementaires… ou les deux.

Sensibiliser et mobiliser n'ont d'autre but que de faire en sorte que chaque responsable s'approprie le contrôle interne qui va être mis en place dans son activité. De plus, on ne peut véritablement le mettre en place sans son concours et sa participation. Pour créer un environnement favorable et arriver à une véritable mobilisation des esprits, tous les moyens possibles devront être utilisés et planifiés :

- exposés et réunions en complément de la formation ;
- articles dans le journal d'entreprise ;
- utilisation de l'intranet pour des messages et rappels spécifiques ;
- interventions extérieures illustrant des expériences réussies ;
- information précise sur le planning retenu et communication de ce planning.

Mais au-delà de toutes ces actions, celle qu'il ne faut pas omettre et qui conditionne la bonne suite du projet est l'information permanente sur l'avancement des opérations de mise en place. Rien n'est plus démobilisateur que l'ignorance sur le devenir d'une action annoncée à grand renfort de publicité. Il faut constamment montrer que les choses avancent.

Tous ces préalables réalisés, on va implanter le contrôle interne par l'application d'une méthode choisie.

Mais il faudra auparavant surmonter les difficultés éventuelles et identifier les facteurs de réussite pour les mettre en œuvre.

2. LES DIFFICULTÉS POSSIBLES

En sus de la possibilité d'un environnement de contrôle défavorable, un certain nombre de difficultés peuvent être rencontrées contre lesquelles il faut se prémunir.

2.1. Une conception erronée du contrôle interne

Nombreux sont ceux qui ont une fausse conception du contrôle interne et qui le prenne pour ce qu'il n'est pas. Il faut donc préciser et expliquer que :

- le contrôle interne n'est pas de nature comptable ou administrative, il concerne toutes les activités, même les plus techniques, même les plus élémentaires ;
- le contrôle interne n'est pas un acte de coercition ni une contrainte. Il ne s'agit pas de punir mais d'aider chacun à mieux travailler ; c'est un outil et un moyen d'assistance ;
- le contrôle interne n'est pas une affaire de spécialiste. Le travail quotidien de chacun se nourrit du contrôle interne ;
- le contrôle interne n'est pas une tâche supplémentaire. Ce n'est que la mise en ordre logique et rationnelle de ce que chacun fait déjà, ou devrait faire, pour bien maîtriser son travail ;
- le contrôle interne n'est pas l'affaire des auditeurs internes. Ils s'en préoccupent au premier chef mais la responsabilité incombe à l'opérationnel.

L'équipe projet aura à cœur de désamorcer ces « **idées-grenades** » qui pourraient exploser et conduire à d'insurmontables difficultés.

Bien définir vocabulaire, rôle et responsabilité de chacun est le préalable indispensable.

2.2. Une organisation inadaptée

Même si les responsables sont convaincus de l'utilité de la démarche et ont la volonté de la faire aboutir, l'état des lieux peut constituer des freins considérables. Ainsi en est-il :

- des organisations anciennes dont la structure et les méthodes de travail sont rigidifiées. On aura alors des réactions de rejet aux corps étrangers qui viennent perturber les habitudes acquises. Il faudra donc multiplier les explications, amorcer les évolutions et s'armer de patience ;
- des organisations dans lesquelles ont été implantés par couches successives des systèmes d'information divers et non coordonnés. La réflexion sur le contrôle interne devra alors être précédée par une remise en ordre qui peut allonger sensiblement les délais ;
- des organisations dans lesquelles est en cours d'implantation un nouveau système de gestion : ERP ou nouveau contrôle de gestion. On évitera de mener les deux en parallèle et l'on fera en sorte que le contrôle

interne prenne en compte les nouveaux développements après leur mise en route ;

- des organisations dans lesquelles les procédures, les descriptions de postes, les organigrammes, les définitions et délégations de pouvoir ne sont pas à jour et remplacés par des pratiques non écrites. Là encore, une mise à jour est nécessaire si l'on veut apprécier le vrai risque résiduel et non pas un risque résiduel apparent ;

- des organisations dans lesquelles la politique de gestion des risques est en décalage avec la culture de l'entreprise. C'est parfois le cas lorsqu'une direction des risques vient se superposer à une direction préexistante des assurances, chacun ayant sa propre cartographie. Il faut alors, et préalablement, être au clair sur le management des risques.

2.3. Un personnel indisponible

Tout le monde est partant, soucieux de bien faire mais, au pied du mur, « on n'a pas le temps ». On n'a pas le temps parce que :

- les charges de travail sont mal calculées et les opérationnels jamais disponibles ;

- les imprévus se multiplient qui viennent perturber les séances de travail ;

- on est dans un environnement dans lequel l'urgence est la règle et la tradition. À tous les échelons de la hiérarchie, on traite l'immédiat avant de prendre en compte ce qui est planifié.

Mais n'oublions pas le mot de Sénèque : « On ne peut pas, c'est le prétexte. On ne veut pas, c'est le motif ».

Tous ces cas de figure s'apparentent au défaut d'environnement de contrôle et sont à traiter de la même façon. Il n'y aura donc pas de solution rapide et il faudra surseoir.

2.4. Un climat de crainte révérencielle

Lorsque les collaborateurs n'osent pas révéler les dysfonctionnements, les erreurs, les insuffisances de moyens parce qu'ils craignent ou de déplaire ou de trop parler, on est dans une situation de blocage.

Ce sont ceux qui sont au contact des opérations qui sont les mieux placés pour informer sur les risques. Il est donc indispensable que soit créé un climat de confiance sans lequel les omissions seront trop nombreuses pour aboutir à un résultat valable.

2.5. Une mauvaise articulation des objectifs

On la rencontre lorsque les opérationnels ne prennent pas en compte les objectifs stratégiques, ou les ignorent. On la trouve également dans le cas inverse lorsqu'on élabore les objectifs stratégiques sans s'assurer de la cohérence avec les objectifs opérationnels.

Dans tous ces cas, c'est la plupart du temps un problème de communication qu'il faut régler au plus vite. Les référentiels de contrôle interne insistent tous sur ce point : une bonne communication et une transparence totale sont indispensables.

La collusion entre plusieurs personnes peut conduire à l'inefficacité de dispositifs mis en place. L'alerte des auditeurs internes est ici essentielle.

2.6. Les limites du contrôle interne

La relativité du contrôle interne s'exprime dans ses limites et ce sont autant de cas dans lesquels on va rencontrer des difficultés :

- tous les cas de défaillance humaine et qui ont souvent pour origine le non-respect d'un règlement ;
- les cas des dispositifs mal calibrés, à mailles trop larges et qui permettent d'enjamber les contrôles ;
- l'incompétence des dirigeants, toujours dramatique ;
- la tendance bureaucratique, déjà dénoncée, et qui conduit plus à masquer les risques qu'à les prévenir.

Toutes ces difficultés, si elles ne sont pas surmontées dans des délais raisonnables, vont créer des confusions, générer un manque de clarté des messages, produire lacunes et erreurs d'appréciation et, au total, décrédibiliser la démarche auprès des managers.

3. LES CONDITIONS DE LA RÉUSSITE

Elles s'inscrivent en creux dans l'énoncé des difficultés. Au-delà de l'indispensable qualité de l'environnement de contrôle, on ne peut qu'énumérer et rappeler pour n'en rien omettre :

- l'impulsion de la direction générale ;
- l'appropriation par les responsables opérationnels ;
- la clarification des concepts compris par tous ;
- la formation adéquate du personnel concerné ;

* la mise en œuvre d'une approche graduée et concertée ;
* l'implantation de dispositifs flexibles et toujours adaptables ; éviter ce qui rigidifie et qui sclérose ;
* le suivi précautionneux des principes de mise en place et de pilotage (voir chapitres suivants).

À partir de là, évaluer périodiquement la pertinence des dispositifs en place par rapport à l'activité et aux risques potentiels qu'elle génère.

Ce qu'il faut retenir

Mettre en œuvre le contrôle interne ne peut être réalisé que si un certain nombre de conditions sont remplies. Et il faut, dans le même temps, vaincre les difficultés possibles et mobiliser les facteurs de réussite.

Les conditions à remplir sont au nombre de six :
– une bonne qualité de l'environnement de contrôle ;
– la constitution d'une équipe projet ;
– le choix d'un référentiel de contrôle interne ;
– la définition du périmètre d'intervention ;
– l'option de granularité du contrôle interne, laquelle peut varier au sein d'une même organisation ;
– la mobilisation de tous les acteurs.

Mais dans le même temps, encore faut-il réduire les difficultés qui peuvent se présenter :
– corriger les conceptions erronées du contrôle interne ;
– remettre de l'ordre si l'organisation est inadaptée ou attendre la remise en ordre si d'importants projets sont en cours de réalisation ;
– éviter imprévus, retards et surcharges de travail rendant les interlocuteurs indisponibles ;
– créer un climat de confiance permettant que difficultés et problèmes soient révélés sans crainte aucune ;
– veiller à une bonne articulation avec les objectifs à tous les niveaux ;
– connaître les limites du contrôle interne, conséquence de sa relativité.

Chapitre 2

La méthode de mise en œuvre

Il n'y a pas *une* méthode mais il faut en choisir une. Celle ici préconisée a le mérite d'avoir déjà été expérimentée à ceci près que ce qui est ici décrit avec des mots est le plus souvent réalisé avec des logiciels adaptés.

Cela dit, toutes les méthodes font appel aux mêmes principes et ne se différencient plus ou moins que par le vocabulaire et le niveau de détail.

1. L'ORGANISATION DU TRAVAIL

Dans la mise au point de son planning, l'équipe projet va respecter deux étapes.

- **Première étape**

  On va choisir une zone test : activité ou processus. On sélectionne autant que faire se peut un processus simple, dont le propriétaire et ses collaborateurs sont convaincus de l'intérêt de l'opération et du bénéfice qu'ils en attendent.

  Cette démarche a un double but :

  - permettre à l'équipe projet de roder sa méthode et de régler les difficultés imprévues qui peuvent surgir ;
  - mais également servir d'exemple. Ainsi, dès le départ, on peut se prévaloir d'un succès et montrer que les activités quotidiennes ne sont en rien perturbées par l'opération.

* **Seconde étape**

  Définir le planning en concertation avec les managers responsables et en estimant le temps nécessaire à partir de l'expérience de la période test.

  Dans le même temps, on identifie avec chaque manager quels seront le/les correspondants de l'équipe projet permanente et qui participera aux travaux concernant sa zone d'activité. Il y a là une adaptation des emplois du temps à prévoir et à organiser.

  Dans le même temps, on identifie les moyens nécessaires aux travaux : budget, locaux, matériels, étant entendu qu'ils ont déjà été identifiés et accordés de façon globale en début de projet. Il s'agit de problèmes de délais et d'affectation.

Ces questions pratiques étant réglées, on va suivre le planning arrêté en définissant le contrôle interne à mettre en place à chaque étape et ce en trois périodes successives :

* appréciation des préalables ;
* identification des contrôles internes spécifiques à l'activité ;
* validation de la cohérence.

1.1. L'appréciation des préalables

Il s'agit ici des trois préalables à respecter avant l'identification des dispositifs à mettre en place (voir partie 3, chapitre 1).

Ainsi qu'il a été exposé dans l'analyse des dispositifs, la mise en œuvre du contrôle interne ne peut se faire si l'on n'a pas pris soin :

* de définir la mission ;
* d'identifier les facteurs de réussite ;
* d'apprendre les règles à respecter.

Il est donc logique qu'en première analyse on s'interroge sur ces trois points.

1.1.1. La connaissance de la mission

On ne peut commencer les travaux sans s'assurer que le responsable de l'activité (ou le propriétaire du processus) a une connaissance parfaite du quoi et du pourquoi de sa mission. La réponse à ces deux questions conditionne en effet largement l'identification des dispositifs à mettre en place : objectifs, moyens, définitions de pouvoirs…

Si l'intéressé n'a pas une perception claire de sa mission, ou si des contradictions apparaissent, la clarification est la première des questions dont il faut se préoccuper.

Dans cette démarche sur la connaissance de la mission dévolue au responsable, un des aspects essentiels est de s'assurer qu'il y a bien un plein accord avec la hiérarchie. En cas de désaccord, même sur des points d'apparence secondaire, on ne peut aller plus loin avant d'avoir totalement aligné les points de vue. Et c'est celui de la hiérarchie qui est toujours prépondérant.

Enfin, l'accord étant réalisé et les ajustements éventuels acceptés par tous, il faut s'assurer de la cohérence avec l'analyse de poste et la corriger si besoin est.

Dans cette démarche, on doit prendre garde à ceux qui déclarent d'entrée de jeu qu'il n'y a pas de problème : même si l'énoncé semble clair, un détour par la hiérarchie et une lecture de l'analyse de poste sont indispensables. La définition de la mission gouverne l'ensemble du dispositif de contrôle interne, on doit donc partir sur des bases solides.

Il en est de même pour le point suivant.

1.1.2. L'appréciation des facteurs de réussite

Nous avons vu que faire l'inventaire de tout ce qui peut conditionner la réussite de la mission doit être réalisé par celui qui entreprend de mettre en ordre son contrôle interne.

On doit donc s'assurer en priorité que cet inventaire a été fait par le responsable et vérifier qu'il n'a rien omis. Trois situations peuvent se rencontrer :

- cet inventaire n'a pas été entrepris. Il faut alors le conduire avec l'intéressé, mais il ne faut pas le faire sans lui puisque la mise en place dépend de lui et de lui seul ;

- l'inventaire a été réalisé mais il n'en a été tiré aucune conséquence pratique. L'intéressé ne s'est pas procuré les informations jugées indispensables, n'a pas veillé à la formation de ses collaborateurs, ne s'est pas préoccupé d'acquérir les matériels informatiques jugés indispensables, etc. Là également, on ne peut poursuivre sans avoir été plus loin ;

- l'inventaire a été fait, les facteurs de réussite mis en place, mais on constate qu'il y a des contradictions avec la définition de la mission, en principe admise par tous.

Le responsable recrutement évoqué dans la troisième partie (chapitre 1) a vu sa mission définie ainsi : « Recruter pour pouvoir disposer à l'horizon des dix ans à venir du personnel compétent à tous les niveaux hiérarchiques essentiels ».

Or, on constate qu'il n'établit pas de pyramide des âges prévisionnelle par catégories et compétences et qu'il n'a pas davantage de projection sur les compétences nécessaires pour la décennie à venir.

L'intéressé considère qu'il n'a pas besoin de ces éléments pour réaliser son travail.

Il y a là une contradiction manifeste entre la définition de la mission et l'inventaire des facteurs de réussite.

Il faut lever l'ambiguïté, ou bien en insistant sur la nécessité de se donner des moyens supplémentaires, ou bien en modifiant la mission.

On ne pourra aller plus avant tant que le problème ne sera pas résolu.

On peut aussi trouver des cas dans lesquels les facteurs mis en place sont trop importants par rapport à la mission. Il faut alors ou bien les réduire, ou bien élargir la mission. Mais on ne peut laisser subsister des lacunes porteuses de contradictions qui induiraient des éléments irrationnels dans le contrôle interne et donc des risques mal maîtrisés.

1.1.3. L'identification des règles à respecter

Il a été dit que chacun se devait de faire l'inventaire de ce qu'il doit savoir et identifier ce qu'il sait déjà et ce qu'il ne sait pas encore. Cette mise à niveau est indispensable quand on connaît l'impérieuse exigence du contrôle interne relativement au strict respect des règles internes et externes. L'importance grandissante de la nécessaire conformité va en ce sens, singulièrement dans les domaines réglementés (sécurité, professions spécifiques…).

Les responsables du projet doivent donc faire une mise au point sur le sujet avec chaque manager. C'est également pour eux l'occasion de mieux connaître les dispositions législatives et réglementaires qui gouvernent le sujet qu'ils abordent. On ne peut courir le risque de comportements illégaux, d'infractions ou de manquements à des règles internes, même par omission ou ignorance. Tout au contraire, le contrôle interne doit être le garant de leur bonne application.

Ces trois préalables étant traités comme il convient en fonction de la situation existante, on va pouvoir élaborer le contrôle interne en identifiant les dispositifs à mettre en place et ce par une démarche en quatre étapes.

1.2. La mise en place des dispositifs spécifiques

Nous avons vu que tous les dispositifs de contrôle interne pouvaient être regroupés en six grandes familles : ce sont les têtes de chapitre sous lesquelles vont s'ordonner les dispositifs spécifiques qui feront échec aux risques de l'activité.

À ce classement par destination, décrit dans la troisième partie, certains ont substitué un classement par nature :

- dispositifs spécifiques (moyens, séparation des tâches…) ;
- dispositifs détecteurs (supervision, rapprochements…) ;
- dispositifs directifs (procédures, formation…) ;

et d'autres un classement en contrôles actifs et passifs. L'important est de savoir comment s'y prendre pour mettre en œuvre et identifier. Nous suggérons quatre étapes.

1.2.1. Prise en compte de la granularité

On retrouve le problème évoqué au chapitre précédent et c'est maintenant, en abordant uns activité ou un processus, qu'il faut décider du découpage spécifique qui va présider à l'analyse : découpage fin ou sommaire, par grandes fonctions ou par tâches élémentaires ?

Par voie de conséquence, un contrôle interne strict et minutieux ou un contrôle interne simple et allant à l'essentiel ?

C'est évidemment les représentants de l'activité qui la connaissent le mieux qui vont réaliser ce travail dans le détail, les grands choix s'opérant par concertation.

On retient le concept d'activité ou celui de processus selon l'organisation de l'entreprise.

Ainsi, pour un processus paie, considéré comme une activité à risques (comme toutes celles qui manipulent de l'argent), on pourra retenir un découpage relativement détaillé :

- fixation des niveaux de rémunération ;
- autorisations pour augmentations de salaires ;
- autorisations pour les primes et gratifications ;
- approbation des heures travaillées ;
- processus des acomptes sur salaires et autorisations ;
- processus informatique de calcul et d'édition ;

- approbation finale ;
- processus de virement sur les comptes bancaires et autorisations ;
- opérations comptables.

On pourrait découper plus finement encore, par exemple identifier les différentes phases du processus informatique.

Ou, au contraire, choisir un découpage plus sommaire, par exemple :

- préparation de la paie ;
- traitement ;
- opérations bancaires et comptables.

Il en résulterait des dispositifs en moins grand nombre et un contrôle interne plus simplifié.

Cette étape, qui est en même temps un choix, est préalable à l'identification des risques puisqu'il va s'agir de déterminer les risques potentiels pour chacune des opérations identifiées.

Notons dès maintenant que la phase suivante achevée, on peut être amené à revenir sur la granularité : un risque reclassifié comme important peut conduire à découper plus finement l'opération à laquelle il est rattaché.

1.2.2. L'identification et l'évaluation des risques

Lorsqu'il y a une cartographie suffisamment détaillée et correspondant à la granularité retenue pour l'activité considérée, on va se référer à la cartographie pour passer à l'étape suivante.

Mais le plus souvent :

- ou bien il n'y a pas de cartographie ;
- ou bien elle ne correspond pas à la granularité qu'on a convenu de retenir.

Il faut donc aller plus loin.

On identifie le ou les risques attachés à chaque tâche retenue en se posant la question simple : que pourrait-il se passer si cette tâche n'était pas faite ou était mal faite ?

Cette identification doit impérativement se faire en groupe. C'est une réflexion de brainstorming à laquelle sont associés ceux des membres de l'équipe qui connaissent bien l'activité ou le processus afin que rien ne soit oublié. On se fait assister par le *risk manager* s'il y en a un, et surtout s'il s'agit d'approfondir une cartographie qui est son œuvre.

Illustration 1

Dans un processus achats, on va identifier les risques suivants à partir d'un découpage relativement fin « Tâches/Risques ».

1. Définition du besoin
- Achats sans besoin
- Achats inutiles
- Achats anarchiques

2. Consultation et sélection du fournisseur
- Achats au prix fort
- Ententes
- Fournisseurs inadaptés

3. Négociation
- Trafic d'influence
- Conflits d'intérêts

4. Commande
- Mauvaise formulation (risque juridique)
- Prix trop élevé (risque financier)
- Commandes anarchiques (risque opérationnel)

5. Réception
- Non-conformité
- Retards

Quant à l'évaluation de chacun de ces risques, on se rapporte à l'évaluation de la cartographie si elle existe. S'il n'y a pas de cartographie ou si elle ne descend pas à ce niveau de détail, on se contente d'une estimation sommaire qui ne peut être scientifique et exacte et reste aléatoire et approximative même si, comme il se doit, elle a été décidée au terme d'une discussion de groupe. Mais ce n'est pas essentiel, cette évaluation devant simplement permettre de mesurer l'absolue nécessité du dispositif identifié, voire le besoin de le compléter par d'autres ; ou au contraire, de l'apprécier comme un perfectionnement non indispensable.

En général, on se contente donc d'une évaluation en trois ou cinq niveaux, du type :

- important (I) : rouge ;
- moyen (M) : jaune ;
- faible (F) : vert.

Certains se livrent à des calculs plus complexes et d'apparence plus rigoureuse permettant une quantification plus précise. Mais c'est excessif eu égard au but poursuivi : savoir si l'on doit prévoir des dispositifs précis, multiples, rigoureux ou si l'on peut se contenter d'un système d'organisation ou d'alerte relativement simple. Il s'agit dans le premier cas de tout mettre en œuvre pour éviter que ne se manifeste un risque grave, alors que dans le second cas, face à un risque jugé faible, une barrière raisonnable suffit.

Or, les responsables opérationnels savent d'entrée de jeu dans quelle zone on se situe dès qu'on attire leur attention et qu'on leur pose la question.

1.2.3. L'identification des dispositifs

Il s'agit, dans cette troisième étape des travaux du groupe projet, de déterminer pour chacun de ces risques – et là où l'on situe l'analyse –, quels sont le ou les dispositifs adéquats à prévoir :

- si rien n'est en place, on est alors en présence du *risque intrinsèque* à l'opération et l'on va définir tous les dispositifs à mettre en place, plus ou moins importants et nombreux selon le degré de gravité estimé ;

- s'ils sont en place pour partie, on est en présence du *risque résiduel* qu'il faut estimer pour apprécier les compléments à apporter et donc identifier les dispositifs à ajouter. C'est l'analyse de l'existant qui va déterminer les actions à entreprendre ;

- si tous sont en place, on fera bien de procéder néanmoins à un test sur leur bon fonctionnement.

Au total, ce n'est rien d'autre que l'état des lieux.

Ainsi, concernant les contrats, on distinguera :

- les contrats forfaitaires pour lesquels le risque essentiel est la surfacturation (facturation de prestations déjà contenues dans le forfait). On devrait alors avoir une procédure exigeant le visa de celui qui a négocié le contrat ou à tout le moins une vérification par sondages : faut-il la mettre en place si elle n'existe pas ? ;

- les contrats au métré (prix au m^2 de peinture ou au mètre linéaire de tranchée creusée…). Le risque est dans une facturation excédentaire par rapport aux mesures réelles. On devrait alors avoir le recours épisodique à un métreur-vérificateur (moyen) afin que nul n'en ignore : faut-il y recourir et avec quelle fréquence ? ;

- les contrats en régie, ou dépenses contrôlées (paiement à l'heure travaillée selon la qualification). Le risque est dans un mauvais comptage des heures et/ou un mauvais enregistrement de la qualification. On devrait avoir ou bien un système de mesure automatique (badges) ou bien une vérification périodique. Et alors selon quelle périodicité ?

On va comparer le réel à ce qui devrait être, et compléter le dispositif si nécessaire.

Dans tous les cas, l'élaboration de la réponse est dans l'addition et la confrontation des idées de chacun.

Ainsi, dans l'exemple donné précédemment, on va identifier les dispositifs ci-après comme nécessaires.

Illustration 2

Risques	Dispositifs
Achats sans besoins Achats inutiles	Plan d'approvisionnement et suivi du plan id
Achats anarchiques	Définitions de pouvoirs
Achats au prix fort et ententes	Procédure d'appels d'offres + vérification
Fournisseurs inadaptés	Répertoire de fournisseurs agréés + typologie des achats + vérification
Trafic d'influence	Turn-over des acheteurs
Conflit d'intérêts	Organisation des dossiers de négociation Code d'éthique + vérification
Mauvaise formulation	Contrats types Assistance juridique
Prix trop élevé	Devis obligatoire Évolution des prix pratiqués
Commandes anarchiques	Signataires habilités + vérification
Non-conformités	Contrôleurs techniques qualifiés Procédure de réception
Retards	Procédure de relance Contrats avec pénalités de retard

On obtient ainsi la liste des dispositifs nécessaires :

- ou bien ils existent et l'on s'assure de leur bon fonctionnement ;
- ou bien ils n'existent pas et l'on s'organise pour les mettre en place, sans omettre la formation et l'information du personnel concerné.

Il est essentiel de ne pas perdre de vue le caractère relatif de cette démarche : un risque ne peut jamais être totalement éliminé ; on ne peut que prétendre en réduire la probabilité et ce pour deux raisons :

- le risque inhérent au dispositif lui-même va subsister en partie ; c'est le risque résiduel, dit « risque de contrôle interne » que l'on doit diminuer mais difficile à éliminer totalement. Il sera croissant avec le temps, les évolutions, les changements. C'est pourquoi on ne saurait se dispenser d'une permanente révision et d'une constante adaptation. Rien n'est jamais acquis définitivement ;
- la seconde raison pour ne pas s'exonérer de la relativité est que si celle-ci est constamment réduite par les efforts des auditeurs internes à chacun de leur passage, ils ne peuvent pas davantage prétendre à l'exhaustivité. Ils vont réduire le risque mais subsistera toujours un risque résiduel final que l'on nomme alors le « risque d'audit ».

C'est l'évaluation qui a été faite du risque qui va guider l'équipe projet vers plus d'exigence ou vers une plus grande simplification.

Une quatrième étape va permettre d'affiner la démarche.

1.2.4. La qualification et la validation

Chaque dispositif va être rattaché à sa famille de regroupement, ce qui va permettre de s'interroger et de mieux prendre conscience de la validité de ce qu'on se propose de mettre en place.

1.2.4.1. Qualification

Ainsi, reprenant le même exemple on précisera :

Illustration

Dispositifs	Familles de regroupement
Plan d'approvisionnement	Objectifs
Suivi du plan	Système d'information
Définition de pouvoirs	Organisation

Dispositifs	Familles de regroupement
Procédure d'appel d'offres + vérification	Procédure Supervision
Répertoire des fournisseurs agréés	Moyen
Typologie des achats + vérification	Moyen Supervision
Turn-over des acheteurs	Procédure de gestion du personnel
Organisation des dossiers de négociation	Procédure
Code d'éthique + vérification	Moyen Supervision
Contrats types	Moyen
Assistance juridique	Juriste qualifié : moyen Validation : procédure
Devis obligatoire	Moyen
Évolution des prix pratiqués	Système d'information
Signataires habilités + vérification	Organisation Supervision
Contrôleurs techniques	Moyen
Procédure de réception	Procédure
Procédure de relance	Procédure
Contrats avec pénalités de retard	Moyen

1.2.4.2. Validation

Cette qualification va permettre de faire deux constatations.

- **Première constatation**

    S'assurer que les dispositifs sont cohérents :

    - les objectifs s'inscrivent-ils bien dans le cadre de la mission à réaliser ? ;
    - les moyens concourent-ils effectivement à la réalisation des objectifs ? ;
    - le système d'information permet-il de suivre la réalisation des objectifs et rien d'autre ?

    En cas d'incohérence constatée, il faudra reprendre l'analyse.

- **Seconde constatation**

  On va regrouper tous les dispositifs par famille. On constate dans notre exemple qu'il y a :
  - 1 dispositif relevant des objectifs ;
  - 8 dispositifs relevant des moyens ;
  - 2 dispositifs relevant du système d'information ;
  - 2 dispositifs relevant de l'organisation ;
  - 6 dispositifs relevant des procédures ;
  - 4 dispositifs relevant de la supervision.

  Certaines catégories comprennent peu de dispositifs et d'autres davantage, ce qui va être l'occasion de s'interroger :
  - n'y a-t-il pas lieu de prévoir plus d'objectifs ? ;
  - de recourir davantage au SI pour les mesurer ? ;
  - ne devrait-il pas y avoir autant d'actes de supervision que de procédures puisqu'en principe chaque procédure doit être supervisée ? (sauf si risque négligeable).

Ces regroupements vont donc aboutir à un certain nombre de corrections au terme desquelles on initiera un nouveau regroupement par familles pour voir s'il n'y a pas lieu d'aller un peu plus loin encore sur le chemin de l'amélioration. Et l'on s'arrêtera lorsqu'on aura le sentiment d'avoir atteint un niveau « raisonnable » de maîtrise.

Ultérieurement, les choses ayant évolué, contrôleurs internes et auditeurs internes souligneront les adaptations nécessaires. Mais il s'agira toujours d'adapter et non de vouloir réaliser une impossible et inutile perfection.

Après avoir procédé ainsi avec tous les secteurs d'activité, y inclus la direction générale, on pourrait dire que le projet est réalisé ; en fait, il n'est jamais fini mais l'équipe projet a terminé son travail

2. LA FIN DU PROJET

L'équipe projet doit veiller à ce que soient respectées les conditions qui président au succès de l'opération :
- veiller à ce que l'ensemble des activités ait été analysé ;
- s'assurer que les responsables ont bien mis en place les tests nécessaires pour vérifier la validité et le bon fonctionnement des dispositifs implantés ;

- communiquer auprès de tous pour informer que le projet a été mené à bonne fin. Il est sur ce point particulièrement important qu'une annonce officielle puisse être faite par la direction générale, annonce qui doit être le pendant de celle ayant informé du lancement ;

- définir les règles de conduite et les comportements désormais attendus. On va parfois jusqu'à prévoir un système de sanctions, ce qui ne nous apparaît pas souhaitable : un dispositif de contrôle interne ne peut fonctionner correctement qu'avec l'assentiment et la collaboration de ceux qui l'utilisent ;

- terminer en prenant le temps nécessaire. Rien n'est plus démobilisateur qu'une fin prématurée au motif « qu'on a passé trop de temps ». On doit savoir que la conduite d'un tel projet n'est pas en soi difficile, mais il y faut du temps ;

- persuader chacun que ce n'est pas une opération réalisée une fois pour toutes. Chaque responsable dans sa zone d'activité prend le relais ;

- ajuster le référentiel afin de le mettre en cohérence avec les options qui ont pu être prises au cours du développement.

En conclusion, réaliser un tel projet c'est toujours :

- un travail long ;
- un travail simple ;
- un travail qui se fait à plusieurs ;
- un travail qui n'est jamais fini.

Après avoir construit un système de contrôle interne logique, rationnel et cohérent, il faut le faire vivre.

Ce qu'il faut retenir

La mise en œuvre du contrôle interne implique le choix d'une zone test et l'élaboration d'un planning. À partir de là, le projet se déroule en trois phases :

1. L'appréciation des préalables

On doit s'assurer que les trois préalables à la mise en œuvre du contrôle interne sont bien à niveau : la mission est-elle clairement définie pour tous ? Les facteurs de réussite sont-ils bien identifiés et mobilisés par le responsable ? Les règles à respecter sont-elles bien connues des acteurs ?

2. La mise en place des dispositifs spécifiques

Après avoir réglé le problème de la granularité, le brainstorming est la meilleure méthode pour définir les dispositifs nécessaires à partir des risques identifiés. Bien évidemment, s'il y a une cartographie, on partira de ce document, et la participation du *risk manager* qui l'a réalisée est indispensable.

Mais les responsables de l'activité étudiée doivent impérativement s'approprier la démarche.

3. La qualification et la validation

Pour identifier les lacunes et approcher un niveau raisonnable de maîtrise, c'est le regroupement des dispositifs par famille qui va révéler les insuffisances ; on corrige alors le cas échéant et l'on fait plusieurs aller-retour si jugé nécessaire.

La fin du projet exige que l'on s'assure de l'exhaustivité et de la validité des tests. On doit alors définir les règles de conduite pour chacun et ajuster éventuellement le référentiel.

Au total, il faut savoir prendre son temps et toujours travailler en équipe.

Chapitre 3

Le pilotage du contrôle interne

Nous avons vu que le COSO précise qu'un système de contrôle interne doit être piloté. C'est-à-dire qu'il faut en permanence être attentif aux risques nouveaux et imprévus ainsi qu'à la dégradation possible de ceux qui existent. On doit également maintenir de façon constante le système en l'état. Il y a une dynamique du contrôle interne qui fait écho à la variabilité des risques : tout changement dans les risques a sa répercussion dans le contrôle interne En sus de ces diligences permanentes, il faut périodiquement faire l'état des lieux, c'est-à-dire évaluer le contrôle interne pour le mettre à jour et toujours chercher à le renforcer.

1. VEILLER SUR LES RISQUES

Le contrôle interne est partie intégrante de l'organisation, laquelle est un organisme vivant qui évolue, se développe ou se rétracte, rencontre des difficultés imprévues ou explore de nouveaux domaines. Dans tous les cas, l'inventaire des risques va évoluer tant en qualité qu'en quantité, d'où la nécessité d'une constante adaptation. Mais il ne suffit pas d'adapter, encore faut-il le faire en temps utile… et ne pas être en retard d'une guerre.

Une veille permanente doit donc être organisée et singulièrement pour les risques majeurs qui, s'ils sont stratégiques, doivent être pilotés en continu. Pour ce faire, plusieurs moyens doivent être mobilisés.

1.1. Une définition du rôle des acteurs

Dans l'organisation de cette veille permanente, chacun a un rôle à jouer qui n'appartient qu'à lui, qui doit être permanent, ne pas s'exercer sans concertation ni information et figurer dans les analyses de postes comme des tâches normales à accomplir. Ils sont nombreux ceux qui ont une responsabilité à assumer dans ce domaine :

- les premiers sont la *direction* et le *conseil* qui doivent être particulièrement attentifs aux risques stratégiques et veiller à maintenir une constante mobilisation sur le sujet ;
- le deuxième est le *comité d'audit* qui doit solliciter une information régulière sur les risques, leur évolution et les mesures prises ;
- le troisième est le *management* dans toute la ligne hiérarchique et les *contrôleurs internes* qui lui sont rattachés. Il est le guetteur informé et qui doit en permanence traduire toute modification de l'environnement et des méthodes de travail en termes de risques. Les managers sont ici assistés par les contrôleurs internes mais sans pouvoir se décharger sur eux de leur vigilance ;
- le quatrième est le *risk manager* qui est, lui aussi, un guetteur mais un guetteur moins informé que l'opérationnel puisque n'étant pas au contact direct des opérations ; il ne va connaître les novations qu'avec un temps de retard. Toutefois, il joue un rôle essentiel dans la coordination entre les informations sur l'évolution des risques stratégiques et l'évolution des risques opérationnels. Il est le seul en mesure de jouer ce rôle et d'alerter sur les incidences éventuelles de l'une sur l'autre. Sa spécialisation fait de lui celui qui est le mieux à même de traduire les changements en termes de risques ;
- le cinquième est *l'audit interne* dont c'est le rôle d'alerter mais il ne peut le faire qu'épisodiquement à l'occasion de ses missions. Notons d'ailleurs que l'attention attirée sur un point peut déclencher chez les autres acteurs, et en particulier chez le responsable opérationnel, une alerte sur un autre point situé hors du champ de la mission. Ainsi, un audit du magasin peut révéler que des compteurs ont été livrés présentant des anomalies qui auraient dû être décelées à la livraison. Cela doit normalement conduire à un examen par les ingénieurs responsables de tous les compteurs des unités de fabrication... encore faut-il que l'information leur parvienne ! ;
- on peut ajouter un sixième groupe : ce sont des acteurs encore peu intégrés aux réflexions sur le contrôle interne mais qui devraient l'être davantage encore. C'est en particulier le cas du *contrôle de gestion* qui

utilise de plus en plus des indicateurs de gestion, exerce une veille permanente sur le devenir de l'entreprise et devrait être un informateur privilégié pour la mise à jour du contrôle interne.

Pour que ces différents acteurs puissent en permanence jouer ce rôle, il est indispensable de rester attentif aux mutations et changements de poste et à l'obligation de bien transmettre les consignes au nouvel arrivant.

Il ne suffit pas d'avoir l'intention de rester sur ses gardes, il faut en avoir les moyens.

1.2. Des moyens adéquats à disposition

Ils sont traditionnels et peuvent être internes ou externes et s'appliquer à tout type de veille : veille réglementaire, veille technique, veille méthodologique. Le but est d'être en mesure de recueillir toutes les alertes, de quelle que nature qu'elles soient et de savoir les apprécier.

Les moyens externes sont tous ceux par lesquels l'environnement extérieur donne un signal qui attire l'attention.

On trouve dans ce registre les organismes de contrôle et les organismes professionnels qui sont par ailleurs des acteurs du contrôle interne ; mais leurs actions et leurs informations sont des sources de renseignements potentiellement intéressantes.

On trouve également la presse, les journaux et tous les médias en général, porteurs d'information. Une attention particulière doit être portée à la presse professionnelle.

Enfin, on doit signaler le rôle important de la formation externe qui peut être l'occasion de révélations théoriques ou pratiques qui éveillent l'attention sur un point auquel on n'avait pas pensé.

Les moyens internes sont pour les mêmes raisons et au premier chef la formation. Il est essentiel que tous les acteurs déjà évoqués reçoivent une formation adéquate qui les sensibilise à la veille permanente sur les risques. Elle est particulièrement importante lors des changements de poste déjà évoqués.

En interne, certains ont mis au point des indicateurs de risques qui facilitent le suivi mais ne renseignent pas nécessairement sur les risques nouveaux. Les exercices d'alerte sont également un bon moyen de sensibilisation et aident également à tester le plan de gestion de crise. Ils permettent parfois de révéler des risques jusqu'alors ignorés.

Au titre des moyens internes d'alerte figure également l'exigence d'une bonne communication : le système d'information, l'intranet doivent être des vecteurs dimensionnés pour véhiculer en temps utile l'information sur les risques nouveaux.

Enfin, toute la documentation d'entreprise (notes, comptes rendus, procédures nouvelles, plans d'installation) doit constamment être lue et regardée avec le souci d'y détecter les risques imprévus.

Mais les risques peuvent aussi avoir pour origine une détérioration du contrôle interne.

1.3. Un processus de résolution des conflits

Les situations ne sont pas rares dans lesquelles un dispositif de contrôle interne mis en place dans un secteur pour faire échec à un risque spécifique nuit à l'efficacité d'un autre dispositif mis en place ailleurs pour contrecarrer un autre risque.

Ainsi en est-il du service maintenance d'une usine qui met au point une procédure en fonction de laquelle, pour éviter le risque de vol, tout matériel enlevé d'une installation doit être sans délai retourné au magasin de stockage. Dans le même temps, et pour éviter le risque de surstockage, le responsable de la gestion du matériel édicte une procédure en fonction de laquelle tout matériel désaffecté doit rester sur le site et faire l'objet d'une procédure de réforme en vue de sa vente comme matériel d'occasion.

Il y a incompatibilité : qui doit l'emporter et qui va en prendre la décision ?

Ce qui doit être évité, ce sont des discussions et négociations dont l'issue ne sera pas nécessairement la bonne solution et qui sont à l'origine de pertes de temps et donc d'efficacité.

À l'évidence, la bonne solution est ici le retour en magasin car le risque de vol, qui est une perte sèche, est plus grave dans son impact que le risque de surstockage. Mais qui va décider ?

Ce ne peut être l'un des deux managers concernés et ce doit être une autorité hiérarchique et non fonctionnelle, ce qui élimine le *risk manager* ou l'audit interne. Sauf spécificités de l'organisation, c'est donc celui qui, dans la ligne hiérarchique, coiffe les deux managers concernés qui doit en décider. L'inconvénient est que l'on peut être ainsi amené à faire remonter des questions subalternes à un échelon trop élevé. C'est pourquoi il n'est pas interdit de prévoir une solution de substitution lorsque l'impact potentiel du risque ne dépasse pas un certain montant. Ce pourrait être alors le recours à un responsable fonctionnel : *risk manager* ou contrôleur de gestion. Mais il faut une règle.

Et cela suppose qu'une procédure soit définie au préalable et donc écrite. Ce qui implique également que, comme toutes les procédures, cette dernière soit bien communiquée à tous ceux qui peuvent être concernés et fasse l'objet de la supervision habituelle pour que son application en soit effective. Encore faut-il qu'avant ou après la mise à jour des risques, l'ensemble soit maintenu en l'état.

2. MAINTENIR LE CONTRÔLE INTERNE

Au sens industriel du terme, la maintenance c'est l'entretien et c'est bien ce sens qu'il convient de retenir. Or, conserver un contrôle interne adapté c'est aussi bien veiller à ce qu'il ne se dégrade pas vers une obsolescence inéluctable et s'assurer qu'une complexité croissante et superflue ne va pas le conduire à la paralysie. Pour que la maintenance soit satisfaisante, il convient d'avoir des comportements adéquats de la part de tous les acteurs, que l'information puisse circuler librement et que les outils et moyens adaptés soient au rendez-vous lorsqu'on en aura besoin.

2.1. Les comportements

On retrouve ici la question de l'environnement de contrôle qui imprègne tout le concept de contrôle interne. Si l'environnement et la culture sont tels que chacun voit son intérêt immédiat, considère qu'il n'a pas de temps à perdre « en formalités administratives », que de toutes façons la meilleure des solutions est la plus simple, qu'il a justement la possibilité de la mettre en œuvre sans tarder et que ce sera donc la formule la moins onéreuse, alors le discours sur le contrôle interne est superflu.

À partir de cet instant, en vertu de ce raisonnement imparable, et si l'on reprend l'exemple précédent, le responsable de la maintenance va apporter le matériel au magasin, le responsable du magasin va le refuser et le matériel va rester sur place dans un no man's land, à la merci de tout et n'importe quoi.

Des comportements responsables doivent être la règle. Ils sont indispensables dans cette attention permanente à porter au maintien de la qualité du contrôle interne, faute de quoi c'est tout l'échafaudage qui va être fragilisé.

Le maintien de la qualité est donc largement fonction de la culture d'entreprise. Or, sans appropriation du contrôle interne et comportements responsables, le contrôle interne est vite obsolète.

Mais encore faut-il que les responsables puissent convenablement communiquer.

2.2. La communication

On a souligné au début de cette étude que le COSO 1 faisait de la bonne communication une condition essentielle pour un contrôle interne de qualité et nous avons vu à cette occasion les dérives possibles.

On perçoit mieux maintenant à quel point c'est essentiel. Communication entre les managers, communication avec la direction générale, communication avec les *risk managers* et les contrôleurs internes, sans omettre bien sûr l'audit interne et le contrôle de gestion : toutes sont nécessaires et doivent être simples et fluides.

La cohérence globale, les mises à jour, les améliorations exigent en permanence que l'information parvienne à tous les acteurs concernés sans retards ni insuffisances ni excès d'information.

Mais, et le référentiel de l'AMF ne manque pas de le souligner, le rôle de la direction générale responsable de la mise en place est ici essentiel pour veiller à ce que chacun ait les moyens d'intervenir.

2.3. Les outils et moyens

C'est en permanence que les acteurs responsables doivent veiller à disposer des outils et moyens leur permettant de maintenir en l'état leurs dispositifs de contrôle interne et singulièrement d'un double point de vue :

- la qualité professionnelle des personnels doit être constamment ajustée aux objectifs qui leur sont fixés. À cet égard, on veillera particulièrement, lors des mutations ou changements de poste, à faire précéder la formation au lieu de la faire suivre. La formation « sur le tas » postérieure à la prise de responsabilité est dramatique pour les prises de risques inconsidérées ;

- un système d'information adapté doit mettre l'information au service de tous : le Balanced Scorecard des contrôleurs de gestion doit pouvoir être consulté par le *risk manager* et les auditeurs internes ; les extraits de rapports d'audit par le contrôleur de gestion et le *risk manager*, la cartographie des risques par tous les acteurs…

Les ERP peuvent être ici un outil fort utile si l'implantation en a été correctement faite.

Une bonne maintenance, c'est aussi procéder à l'évaluation de l'existant, ce qui est une façon plus technique et plus précise d'identifier les lacunes.

3. ÉVALUER LE CONTRÔLE INTERNE

Cette évaluation est devenue incontournable depuis que les directives européennes et la législation française font obligation au comité d'audit d'assurer le suivi et l'efficacité des systèmes de contrôle interne, d'audit interne et de gestion des risques. Or, comment serait-il possible – pour au moins deux d'entre eux – d'assurer ce suivi sans mesure périodique de l'état des lieux ?

3.1. Les différents acteurs

L'évaluation peut être le fait de nombreux acteurs dont les appréciations et jugements sur le contrôle interne s'additionnent mais aussi peuvent parfois se chevaucher, et il faut y prendre garde. On peut distinguer ceux qui ont un véritable devoir d'évaluation (managers, contrôleurs internes, auditeurs internes) et ceux pour lesquels l'évaluation du contrôle interne est possible et occasionnelle. C'est d'ailleurs la MPA 2050-2 qui précise que différents prestataires internes ou externes peuvent également apporter une contribution dans l'évaluation du contrôle interne. On peut citer sous cette rubrique les commissaires aux comptes, les auditeurs qualité, les *risk managers*, les responsables sécurité.

Ils peuvent même tenter de réaliser une évaluation pour leur propre compte, ciblée sur leurs besoins, mais ce ne sera jamais une évaluation complète et elle risque fort d'être nuancée par le positionnement spécifique des intéressés. B. Ki-Zerbo[1] a montré que les analyses de ces prestataires varient en fonction :

- de leur positionnement hiérarchique, donc de leur indépendance ;
- des destinataires de leurs opinions ;
- de la méthode qu'ils utilisent ;
- de leur périmètre d'intervention et zone d'influence. Ainsi l'évaluation des commissaires aux comptes sera-t-elle limitée à la sphère comptable et financière… mais elle n'en est pas pour autant moins intéressante.

© Groupe Eyrolles

---

1. Ki-Zerbo B., Audit et contrôle internes, n° 205, juin 2011.

3.2. La nature des évaluations

Nous n'examinerons ici que les évaluations réalisées par les acteurs directs du contrôle interne : managers et contrôleurs internes ainsi que les évaluations périodiques de l'audit interne.

Ces évaluations sont importantes à un double titre :

- pour les intéressés de premier rang (managers et contrôleurs internes) qui se donnent ainsi les moyens de réajuster et actualiser leur contrôle interne ;
- pour la ligne hiérarchique jusqu'à la direction générale car elles répondent à la seule vraie question qu'ils se posent en permanence : est-ce que dans tel secteur, telle fonction, tel processus ou telle filiale les activités sont bien maîtrisées ? Est-ce que les boulons sont bien serrés ?

Les procédés sont nombreux et parfois sommaires. Mais tous doivent, ou devraient, prendre en compte dans leurs évaluations trois domaines significatifs et incontournables :

- identification et hiérarchisation des risques ;
- détermination du niveau de risque acceptable en tenant compte du seuil de tolérance défini par la politique de risque ;
- identification des dispositifs de contrôle interne nécessaires et comparaison avec l'existant.

3.3. L'évaluation par le manager

C'est également celle du contrôleur interne puisque, lorsqu'il le fait, c'est pour le compte du manager responsable. On connaît aujourd'hui deux formes sous lesquelles on peut pratiquer cette appréciation : le self-audit, qui a donné lieu à quelques dérives, et le CRSA (Control Risk Self Assessment).

Dans toutes ces méthodes, le questionnaire de contrôle interne (QCI) évoqué dans la première partie peut rendre les plus grands services.

3.3.1. Le self-audit

C'est en effet une sorte de démarche d'audit que l'intéressé réalise lui-même pour s'assurer de la validité de son contrôle interne. À partir de là, deux méthodes peuvent être employées :

- **L'analyse**

  Le responsable part de l'analyse qui a été faite des risques de son activité et qui a conduit à identifier les dispositifs de contrôle interne à mettre en place. Il va à chaque fois s'interroger :

- les dispositifs en place fonctionnent-ils bien ? ;
- sont-ils convenablement supervisés ? ;
- ne sont-ils pas obsolètes ou incomplets ?

En d'autres termes, on refait en interne la démarche qui a conduit à l'élaboration du contrôle interne. On va alors identifier les risques résiduels : sont-ils en augmentation ? Y en a-t-il de nouveaux ? Il est évidemment souhaitable que le responsable fasse participer ses collaborateurs et le contrôleur interne s'il y en a un. Ce dernier peut même spontanément se livrer à cet exercice.

Mais il y a une seconde méthode qui a le mérite de mieux déceler les lacunes éventuelles de l'analyse initiale, c'est le questionnaire.

- **Le questionnaire**

  Il s'agit d'un questionnaire spécifique à l'activité, sorte de check-list à laquelle l'intéressé va répondre lui-même. On l'aide ainsi à se poser « les bonnes questions » pour savoir si les opérations dont il assume la responsabilité sont « sous contrôle ». Ces questions seront d'autant plus pertinentes qu'exprimées par l'intéressé, elles vont traduire au mieux les variables culturelles dont nous avons parlé dans la première partie. Ce ne seront donc pas, tant s'en faut, des « questions à côté de la plaque ».

  On peut avoir recours à des questionnaires préétablis : le COSO et d'autres référentiels offrent quelques modèles ; des ouvrages ont été rédigés sur le sujet[1] et les organisations professionnelles disposent également de check-lists. À défaut, il appartient aux intéressés de l'élaborer, au besoin en s'aidant du questionnaire de contrôle interne des auditeurs internes sur le sujet. Mais il est essentiel que le responsable s'approprie *son* questionnaire, quelle qu'en soit l'origine.

Il existe évidemment des questionnaires différents selon les niveaux hiérarchiques puisque les objectifs, et donc les risques s'ils sont superposables, ne sont pas pour autant identiques. Si l'on veut identifier les différentes natures de questionnaires, on trouve :

- des questionnaires par processus : processus de management, opérationnels, supports ;
- des questionnaires à partir des fonctions/activités ;
- des questionnaires à partir d'un référentiel de contrôle interne.

---

1. Lemant O., Schick P., *op. cit.*

Il n'en est pas qui soient meilleurs que d'autres ; le meilleur est celui qui est cohérent avec la culture et l'organisation.

Illustration

Extrait COSO 1 du questionnaire de self-audit (appréciation du contrôle interne) pour un processus d'expédition de produits

1. Traiter les commandes
• L'en-cours maximal accordé au client est-il dépassé ?
• Les commandes sont-elles traitées correctement ?
• Les commandes traitées ont-elles toutes été validées ?
• Toutes les commandes sont-elles approuvées ?
• L'expédition de la commande au client est-elle réalisée dans les délais requis ?

2. Entreposer les produits
• Les produits sont-ils protégés contre d'éventuels dégâts ?
• Le stockage permet-il le traitement dans les délais ?
• La manutention et le stockage sont-ils conformes à la réglementation ?
• Les produits prêts à être livrés sont-ils intégralement et correctement enregistrés dans les états de stock ?

3. Expédier les produits
• Les produits prélevés sont-ils quantitativement identiques à la commande ?
• Les produits sont-ils correctement emballés ?
• La livraison est-elle bien autorisée ?
• L'expédition est-elle d'une efficacité maximum ?
• Toutes les expéditions sont-elles correctement documentées ?
• La documentation est-elle transmise à la comptabilité clients en temps voulu ?

Selon les réponses aux questions, le responsable peut :

• ou bien se contenter d'apporter retouches, compléments ou modifications nécessaires ;

• ou bien noter chacune des réponses selon une cotation de 1 à 5 ou 1 à 3, ce qui lui permet de mesurer l'évolution au cours du temps et de comparer les différents secteurs de son activité.

Il existe évidemment des logiciels appropriés pour ce genre d'exercice ; on peut même le conduire à l'aide d'un simple tableau Excel.

Cette pratique a pour bénéfice essentiel de renforcer l'appropriation du contrôle interne par la hiérarchie responsable. Mais elle a connu quelques dérives.

3.3.2. Les dérives de la pratique

La méthode décrite ci-dessus a l'immense avantage de renforcer l'appropriation du contrôle interne par les responsables : ceux-ci prennent les choses en main et sont bien les acteurs principaux qu'ils doivent être. Leur enlever en tout ou partie ce rôle c'est fragiliser ce dispositif.

Or cette fragilisation peut se réaliser de deux façons.

La première consiste à donner à la hiérarchie l'initiative de l'opération. C'est alors elle qui va déclencher l'évaluation en demandant au manager de la réaliser. Dès cet instant, ce dernier ne la réalisera que lorsqu'elle sera demandée. Ce n'est plus un regard que l'on porte sur son propre travail pour l'améliorer, c'est une action de supervision de la hiérarchie.

Et, circonstance aggravante, on demande en général à l'intéressé le résultat de l'opération.

La seconde méthode va plus loin encore. Elle consiste à envoyer au responsable le questionnaire auquel il doit répondre. Il y a alors une autorité hiérarchique qui non seulement organise et supervise mais éventuellement sanctionne. On sort du cadre de l'évaluation par un responsable de son propre contrôle interne dans le cadre de l'exercice normal de ses responsabilités. Cette pratique s'apparente alors à celle des « lettres de représentation » par lesquelles l'actionnaire fait poser au manager d'une filiale – via les auditeurs externes – les questions essentielles visant à une bonne maîtrise de la finance et de la comptabilité.

On n'est plus en présence d'un procédé participatif à l'appréciation du contrôle interne mais plutôt en face d'un moyen permettant de fixer les responsabilités : c'est l'inspection.

Une autre technique d'appréciation peut être mise en œuvre, plus collective qu'individuelle mais aussi plus coercitive que volontariste : le CRSA (Control Risk Self Assessment).

3.3.3. Le CRSA

On dit aussi « auto-évaluation ». C'est une démarche collective visant à réduire encore plus les risques résiduels en s'attaquant aux obstacles qui, de fait, sont souvent des freins : les incidences sur d'autres fonctions ou d'autres processus des mesures à prendre. On part ici d'un double constat :

- le contrôle interne d'une activité ne concerne pas exclusivement le responsable de cette activité. Si les opérations sont mal maîtrisées et les objectifs non respectés, d'autres activités vont s'en trouver affectées ;

- de plus, le responsable ne peut tout voir et l'œil extérieur de ceux qui ont avec lui des relations de travail peut aider à déceler des insuffisances imperceptibles par le responsable direct.

La démarche d'auto-évaluation s'effectue en trois étapes :

- **Première étape : élaboration du questionnaire**

  Le questionnaire va être élaboré en commun avec la participation de tous ceux qui sont en relation de travail avec le manager dont on va évaluer le contrôle interne. On suppose fort légitimement qu'une mauvaise qualité de contrôle interne rejaillit sur le travail de tous ceux qui, en amont ou en aval, sont en relation avec le responsable concerné. Ce questionnaire, relatif à l'activité, est de même nature que celui évoqué pour le self-audit, à ceci près qu'étant collectif on le suppose plus riche.

  Parmi les membres du groupe figure le responsable de l'audit interne qui, compte tenu de son professionnalisme sur le sujet, est en général le faciliteur du groupe.

- **Deuxième étape : réponses aux questions**

  Chaque question est posée aux membres du groupe qui doivent donner une note d'appréciation en réponse. Pour que personne ne puisse être influencée dans l'expression de son opinion, on utilise une machine à voter qui garantit la confidentialité des votes. Un histogramme s'inscrit alors en temps réel sur un écran qui reflète l'opinion du groupe sur la qualité du contrôle interne pour la question posée.

  On déroule ainsi la totalité du questionnaire.

- **Troisième étape : élaboration d'un plan d'action**

  Toutes les parties susceptibles d'être concernées étant présentes, on peut légitimement penser que les actions envisagées seront mises en œuvre sans difficultés :

  - s'il y a un problème de moyens budgétaires à mobiliser, le contrôleur de gestion, membre du groupe, apportera sa solution ;
  - s'il y a un problème technique, le responsable technique, également présent, proposera une réponse ;
  - de même avec le chef du personnel si se pose un problème d'effectif, ou avec le responsable informatique s'il faut modifier les applications.

Ainsi, la mise en œuvre des améliorations au contrôle interne ne risquera pas d'être retardée par des considérations qui échappent à l'autorité du manager concerné.

Dans toutes ces situations, l'évaluation du contrôle interne se fait avec le manager concerné. Mais elle peut être aussi le fait de l'audit interne.

3.4. L'évaluation par l'audit interne

Cette évaluation a un fondement théorique pour l'audit interne. C'est la norme 2120, complétée par la MPA 2120-1 consacrée à l'évaluation des processus de management des risques et la norme 2130 complétée par la MPA 2130-1. En vertu de ces textes, l'auditeur interne doit « évaluer la pertinence des processus de contrôle » et celle des « processus de management des risques ». Or, dans les deux cas, on passe par l'évaluation du contrôle interne.

L'audit interne est tenu, à la fin de chacune de ses missions, de porter un jugement sur les forces et faiblesses du secteur audité. Il va donc être tout naturellement conduit à apprécier la qualité du contrôle interne.

Pour ce faire, trois méthodes peuvent être et sont utilisées :

- une méthode subjective non chiffrée ;
- une méthode subjective et chiffrée ;
- une méthode objective.

3.4.1. La méthode subjective non chiffrée

C'est encore la plus utilisée parce que la plus simple, mais évidemment la plus sommaire. Elle consiste, au terme de la mission, à s'interroger sur la qualité du contrôle interne par un simple questionnement de ceux qui ont participé. On se limite en général à une appréciation en trois points :

- contrôle interne comportant des lacunes ;
- contrôle interne insuffisant ;
- contrôle interne adapté.

Certains perfectionnistes adoptent une appréciation à cinq niveaux :

- lacunes insignifiantes ;
- lacunes mineures ;
- lacunes modérées ;
- lacunes moyennes ;
- lacunes catastrophiques.

Ces appréciations se font en fonction du risque et il faut se reporter au rapport d'audit interne pour identifier les points à améliorer.

Cette méthode simple n'est pas mauvaise en soi, mais elle présente des inconvénients :

- elle comporte une part importante de subjectivisme. Certes, le jugement est collectif, mais tous n'ont pas la même conception de ce qui est « insuffisant » ou de ce qui est « adapté » ;

- cela va empêcher de faire des comparaisons précises et de mesurer les évolutions, surtout lorsque les différences ne sont pas fondamentales.

En dépit de ses inconvénients, c'est encore la méthode la plus utilisée.

La seconde méthode possède encore une dose de subjectivité mais à un degré moindre car les appréciations sont chiffrées et non plus simplement qualitatives. De plus, elles sont plus détaillées.

3.4.2. La méthode subjective et chiffrée

Pour plus de précisions, on se réfère aux conditions permanentes pour un bon contrôle interne (voir partie 1, chapitre 2) et au cadre de maîtrise. Chaque élément de ces deux regroupements fera l'objet d'une estimation chiffrée correspondant à sa qualité. Ainsi, on obtiendra pour chaque mission (donc chaque activité ou processus) non pas une appréciation globale mais dix cotations qui vont donner à l'ensemble une vision complète et permettront de mieux identifier où se situent les faiblesses (moyens ? Procédures ? Supervision ? Ou plus largement environnement de contrôle ou communication ?).

Ces cotations sont reportées sur le tableau suivant.

L'appréciation chiffrée du contrôle interne

Missions	Conditions du contrôle interne				Contrôle interne de l'activité					
	Pilotage	Envir. interne	Com.	Politique de risques	Objectifs	Moyens	SI	Procédures	Organisation	Supervision
1										
2										
3										
4										
5										
— —										
Totaux										

Ce tableau va permettre de faire des observations intéressantes.

En fin d'année, on peut calculer la somme des cotations de chaque colonne et on va alors découvrir des constantes : par exemple, la colonne supervision est particulièrement faible ; en revanche, la colonne procédures ne contient que des bonnes notes et, ce, quelle que soit la mission d'audit, donc quelle que soit l'activité. Notons que cela se gère en pratique avec un simple tableau Excel.

Donc, et c'est un des grands bénéfices de la méthode, l'addition des appréciations sur la qualité du contrôle interne de chaque entité permet de dégager une appréciation globale sur la qualité du contrôle interne de l'organisation toute entière. Ce qui est ici mis en évidence, ce sont les forces et faiblesses de la culture d'entreprise. On va découvrir par exemple que globalement, et quelle que soit l'activité, on n'est pas bon pour la supervision mais au contraire les systèmes d'information fonctionnent bien.

Ce constat entraîne des conséquences pratiques : il va permettre d'élaborer un plan de formation du management en développant les points sur lesquels les faiblesses sont significatives. Cette politique va contribuer à l'amélioration de la qualité du contrôle interne dans tous les secteurs.

On a ainsi une image de l'entreprise avec ses ombres et ses lumières. Mais subsiste dans cette vision le subjectivisme des auditeurs car tout le monde n'apprécie pas avec les mêmes critères. On a donc tenté d'aller plus loin mais il n'est pas certain que le supplément de précision justifie la complexité croissante. D'autant plus qu'il faut, cette fois, recourir à un logiciel spécialisé.

3.4.3. La méthode objective

Elle peut être utilisée par tous : managers, contrôleurs internes et auditeurs internes.

Le but recherché est de rendre la cotation automatique en éliminant du même coup toute trace de subjectivisme. Ainsi va-t-on pouvoir aussi bien mesurer les évolutions de la qualité du contrôle interne dans une activité que comparer entre plusieurs activités ou compiler des mesures comparables lorsqu'on veut apprécier le contrôle interne de l'organisation tout entière.

L'outil développé à cette fin est une grille d'appréciation qui exige un long travail préalable mais devient, lorsqu'elle est achevée ou le logiciel construit, un remarquable outil d'évaluation du contrôle interne.

3.4.3.1. La conception

On part de l'analyse des risques réalisée dans la cartographie. Si elle n'est pas faite, ce sera un travail préalable indispensable. Chaque activité est découpée en opérations élémentaires selon la granularité souhaitée : on retrouve là une démarche déjà rencontrée.

Pour chacune de ces opérations, on va définir ce qui pourrait être la meilleure des situations quant à la couverture du/des risques relatifs à cette opération. C'est-à-dire la meilleure qualité de contrôle interne. On va affecter cette situation de la cotation 1.

On va également définir pour chacune de ces opérations ce que pourrait être la situation d'exposition maximum aux risques, c'est-à-dire une absence quasi totale de contrôle interne.

On va mettre la cotation 5 (ou 10, ou 20 si l'on souhaite une plus grande granularité). C'est la situation de risque maximum possible (RMP) qui n'est pas sans rappeler le SMP (sinistre maximum possible) des assureurs.

Entre ces deux extrêmes, on va imaginer les situations intermédiaires susceptibles d'être rencontrées et leur affecter une cotation croissante allant du meilleur vers le pire.

On répète cette cotation pour toutes les opérations de l'activité concernée et ensuite pour chaque activité de la fonction ou du processus. À l'analyse, il n'y aura plus d'états d'âme ni de subjectivisme : on applique automatiquement la cotation correspondant à la situation rencontrée.

La totalisation de toutes ces cotations va donner une idée relative de la qualité du contrôle interne pour chaque activité d'un processus puis pour le processus tout entier, puis pour la totalité des processus et à la fin des fins une cotation globale pour l'entreprise.

On va alors pouvoir mesurer les évolutions et faire des comparaisons.

Si l'on rencontre des situations intermédiaires non répertoriées, on affiche un chiffre intermédiaire.

Le cumul des cotations va traduire l'appréciation sur le contrôle interne de l'opération.

Le cumul des appréciations de toutes les opérations donne l'appréciation globale sur l'activité ou le processus.

Illustration

Grille de cotation pour l'opération « Réception des marchandises » dans un processus d'approvisionnement

Situations possibles	Cotation
1. Il y a une procédure de réception toujours appliquée, des techniciens vérifient la réception et supervision régulière des opérations	1
2. La procédure est toujours appliquée, les techniciens vérifient mais pas ou très peu de supervision	2
3. La procédure est toujours appliquée, des techniciens vérifient de temps à autre, toujours pas de supervision	3
4. La procédure est en général appliquée, pas de réception technique pas de supervision	4
5. Pas de procédure de réception, pas de réception technique, pas de supervision	5

3.4.3.2. Les pondérations

Dans ce chiffrage, les meilleures notes sont les plus basses et les plus mauvaises sont les plus élevées. Ce chiffrage inversé permet de choisir des granularités différentes selon les opérations ou activités sans empêcher le cumul et la comparaison. Ainsi, dans le processus achat on peut codifier la réception des marchandises de 1 à 5 et codifier les appels d'offres de 1 à 10. Au total, une faiblesse majeure dans la réception pèsera pour 5 dans le total alors qu'une faiblesse majeure dans les appels d'offres comptera pour 10.

On peut même faire des pondérations entre grandes fonctions pour les rendre plus aisément comparables. Ainsi dira-t-on qu'entre le risque de la fonction trésorerie et le risque de la fonction archivage le rapport de risque est de 1 à 10. On va alors multiplier par 1 les coefficients de la fonction archivage et multiplier par 10 les coefficients de la fonction trésorerie. Ces derniers pèseront alors 10 fois plus dans le total.

Il existe de nombreux logiciels de scoring. Ils ont l'avantage de pouvoir être adoptés sans préparation préalable mais ne sont pas toujours adaptés ou adaptables au contexte, et très souvent ils ne permettent pas l'expression de la granularité, donc de l'importance du risque, car la meilleure note étant la plus élevée, on ne peut plus pondérer.

Au-delà de la maintenance et de son suivi par l'évaluation, il faut constamment chercher à s'améliorer.

4. Renforcer le contrôle interne

Renforcer le contrôle interne c'est en permanence l'adapter et l'optimiser.

4.1. L'adaptation

Elle ne consiste pas uniquement à raccommoder et à recoudre. Il faut parfois savoir refaire si les circonstances l'exigent. Et celles-ci exigent de multiples ajustements :

- en fonction des évolutions de l'environnement : nouveaux marchés, nouveaux produits, nouvelle organisation, nouvelles techniques de gestion ; et surtout moins perceptibles mais encore plus importantes, évolutions dans la culture et donc dans l'environnement de contrôle, ces évolutions pouvant aller aussi bien dans le sens d'une amélioration que dans celui d'une détérioration. Dans les deux cas, il faudra en tenir compte ;
- en fonction de la réglementation : nous avons vu dans la partie 2 à quel point les législations et réglementations se sont emparées du sujet. À coup sûr, cette évolution n'en est qu'à son début et il y aura là une constante nécessité d'adaptation ;
- en fonction des nouveaux développements dans la gestion des risques : il faut toujours se tenir informé des nouvelles approches et nouvelles techniques.

Mais s'adapter, c'est aussi toujours tenter de faire mieux.

4.2. L'optimisation

Optimiser, c'est aller plus loin encore, ce qui ne signifie pas nécessairement en faire davantage, au contraire il faut toujours s'efforcer de faire mieux en faisant moins. Et cela dans trois domaines :

- renforcer l'adhésion du personnel : en sus du phénomène inéluctable du vieillissement qui exige de constantes relances, il faut toujours penser à convertir les nouveaux arrivants, les convertir donc les former et aussi les intégrer ;
- affiner les dispositifs de contrôle interne et, là encore, affiner ne signifie pas nécessairement en ajouter d'autres. Ce peut être aussi prendre en compte de nouvelles techniques informatiques ou de gestion plus simples à opérer et en même temps plus efficaces, et qui vont permettre d'ajuster le regard et de viser plus juste (voir COBIT 5) ;
- accroître l'appropriation : nous avons vu le rôle essentiel des managers ; les sensibiliser constamment aux risques c'est aider à renforcer le contrôle interne. Sans leur contribution, le contrôle interne perdrait ses repères.

Ce qu'il faut retenir

Piloter le contrôle interne, c'est à la fois veiller sur les risques pour le maintenir en l'état et savoir où l'on en est en l'évaluant périodiquement.

– Veiller sur les risques

C'est un devoir permanent qui s'impose à tous les acteurs du contrôle interne : la direction, le conseil, le *risk manager*, le management, l'audit interne, tous doivent clairement savoir ce qu'ils ont à faire. Cette vigilance peut être étendue à d'autres acteurs comme le contrôle de gestion dont les informations peuvent être particulièrement utiles.

Pour jouer ce rôle avec efficacité, chacun doit bénéficier des moyens adéquats en formation et information tant externes qu'internes. Mais de plus, les actions des uns pouvant interférer sur celles des autres, il est nécessaire de prévoir un processus de résolution des conflits potentiels.

– Assurer la maintenance

Maintenir le contrôle interne en l'état, veiller à ce qu'il ne se dégrade pas, aussi bien dans le sens d'une simplification excessive s'apparentant à une désuétude que dans celui d'une complexité croissante conduisant à la paralysie ; c'est un objectif à ne jamais perdre de vue.

Pour le réaliser, il faut que les comportements de chacun soient adaptés à une collaboration sans réserve, que chacun puisse communiquer et disposer des outils et moyens pour agir dans ce sens.

– Évaluer le contrôle interne

C'est faire le point, mesurer les évolutions et les dégradations pour y porter remède. Cette évaluation peut être le fait de nombreux acteurs mais deux sont essentiels : le manager (et son contrôleur interne) et l'audit interne.

L'évaluation par le manager se pratique le plus souvent avec le self-audit, méthode conduite soit à partir d'une analyse sommaire, soit à partir d'un questionnaire. Elle donne parfois lieu à des dérives qui la dénature.

Cette évaluation se pratique aussi plus rarement avec le CRSA, méthode d'appréciation collective du contrôle interne.

L'évaluation par l'audit interne peut être purement subjective, subjective et chiffrée, ou objective avec l'utilisation d'un logiciel plus complexe.

– Renforcer le contrôle interne

Il ne faut jamais se satisfaire du maintien en l'état mais toujours chercher à améliorer.

Conclusion

Le contrôle interne est une composante de toutes les activités. Lorsqu'on désire le domestiquer et le rationnaliser, il doit obéir à un certain nombre de règles qui en constituent le fondement rationnel. C'est la bible du contrôle interne.

Mais ses douze commandements ne suffisent pas pour changer l'organisation. De même, il ne suffit pas de connaître les principes fondateurs pour bien maîtriser ses activités, encore faut-il pouvoir :

- prendre en compte les rigidités insurmontables ;
- convaincre et adapter les mentalités ;
- recourir éventuellement à des spécialistes ;
- progresser et s'adapter.

1. LA BIBLE DU CONTRÔLE INTERNE

Elle peut s'énoncer en douze idées force qui résument les principes fondamentaux qu'on ne peut omettre si l'on veut réussir.

- **Première idée force**

    Rien ne peut être construit sans une forte implication de la direction générale.

- **Deuxième idée force**

    Chacun, dans son poste de travail, est responsable de *son* contrôle interne.

- **Troisième idée force**

    Un bon environnement de contrôle interne est indispensable pour la mise en place et la survie d'un contrôle interne rationnel et organisé.

- **Quatrième idée force**

  Le contrôle interne ne peut donner qu'une assurance raisonnable que les activités sont maîtrisées.

- **Cinquième idée force**

  La définition de la mission de chacun gouverne l'ensemble.

- **Sixième idée force**

  Les dispositifs de contrôle interne peuvent être regroupés en un certain nombre de catégories et il est souhaitable qu'ils le soient.

- **Septième idée force**

  Si les dispositifs sont en nombre infini, les catégories de regroupement possibles sont en nombre fini.

- **Huitième idée force**

  L'identification des risques précède nécessairement l'élaboration d'un contrôle interne rationnel.

- **Neuvième idée force**

  Pas de contrôle interne pour le plaisir de faire du contrôle interne.

- **Dixième idée force**

  La cohérence des dispositifs est la vertu majeure d'un système de contrôle interne organisé.

- **Onzième idée force**

  L'identification des dispositifs se fait à partir d'une analyse de risques.

- **Douzième idée force**

  Le contrôle interne doit être en permanence apprécié et mis à jour.

2. LA PRISE EN COMPTE DES RIGIDITÉS

Même s'il faut être volontariste, on ne peut ignorer superbement la réalité. Dans la mise en œuvre du contrôle interne, on rencontre des rigidités qui ne peuvent être ignorées et doivent être prises en compte. Elles ont pour origine la régulation ou bien une cause interne à l'entreprise. Dans les deux cas, il faut prendre garde à ne pas tomber dans des excès contraires à l'esprit du contrôle interne.

- **Rigidités nées de la régulation**

  Les règles évoluent et parfois se rigidifient au lieu de s'assouplir. Si ce sont des règles internes, on peut tenter de les adapter ; mais si ce sont des règles relevant de la loi ou de la réglementation, il faut bien se soumettre.

Il peut y avoir là l'apparition de nouveaux risques et il ne reste pas d'autres solutions que de tenter de nouvelles parades. La plus courante et souvent la mieux adaptée reste un accroissement de la supervision hiérarchique… en veillant à ne pas tomber dans le pointillisme démobilisateur.

- **Rigidités nées de l'insuffisance des moyens**

La conjoncture est telle que les moyens manquent pour mettre en place des dispositifs qui seraient bien utiles : pas assez de moyens financiers, manque d'outils techniques appropriés qu'on ne peut mettre en place, insuffisance de personnel qualifié… Il faut alors se souvenir des différentes options de traitement des risques rappelées par le COSO 2 (seconde partie, chapitre 2) et choisir une solution (évitement, partage ou acceptation) en cohérence avec la politique de risque. C'est dire que le *risk manager* doit impérativement être associé à la réflexion.

- **L'écueil à éviter**

C'est la complexité, éternelle tentation des partisans de la chasse aux risques. On ne doit pas oublier les principes définis au tout début de cet ouvrage : pas de contrôle interne pour le plaisir de faire du contrôle interne, on ne doit et ne peut viser qu'une efficacité relative. Donc ne pas multiplier les « contrôles », ne pas transformer le contrôle interne en une sorte de règlement militaire paralysant que chacun s'efforcerait de contourner, ne pas entraver le fonctionnement fluide des processus de l'entreprise ; autant de règles de bon sens qui peuvent être perdues de vue si l'on n'y prend pas garde.

Pour cela, il faut constamment adapter les mentalités.

3. L'ADAPTATION DES MENTALITÉS

Le manager responsable qui a bien compris que le contrôle interne est « son » affaire doit s'imprégner de la relativité des situations, des méthodes et des enjeux. Une mentalité trop rigide conduit à régler plus les problèmes d'hier que ceux d'aujourd'hui et encore moins ceux de demain. Avoir une mentalité qui s'adapte c'est, en sus de la veille sur les risques :

- appliquer le « comply or explain » : à défaut de ne pouvoir mettre en application ce qui a été décidé, expliquer pourquoi et, à partir de là, trouver la solution. C'est toujours la recherche causale, chère aux auditeurs internes, qui doit ici s'appliquer ;

- faire bouger ce qui peut paraître devoir être immuable : les cadres de référence, et singulièrement celui qui aura été choisi, ne sont pas des tables de la loi. Si nécessaire, il faut les faire évoluer ; ils ne peuvent être rigidifiés ;

- être curieux : c'est aller au-delà de la simple attention portée aux évolutions. Le contrôle interne s'adaptant aux risques, il faut aussi savoir imaginer l'inimaginable, non pas pour mettre en place des constructions qui risquent d'être inappliquées mais pour étendre la vigilance aux situations potentiellement inhabituelles.

4. LE RECOURS À DES SPÉCIALISTES

F. Cordel l'a souligné dans un article paru dans la revue *Audit et contrôle internes*[1], le « comply or explain » ne suffit plus dès l'instant où l'on se situe dans une logique « de droit dur », c'est-à-dire dans une situation où il faut appliquer la loi sans discuter. Le cadre réglementaire est ici impératif et l'on peut comprendre que des entreprises mal armées pour interpréter et mettre en musique fassent alors appel à des spécialistes. Cela peut même être recommandé.

Mais, une fois de plus, à condition d'éviter un double écueil :

- celui de la déresponsabilisation du management : « il y a des spécialistes qui s'occupent de cela… », sans prendre garde qu'ils sont en train de façonner les méthodes quotidiennes de travail et que demain on risque de ne plus s'y retrouver. Or, celui qui aura à répondre, ce sera toujours le manager ;

- le second écueil est encore plus important. Il faut se méfier au plus haut point des démarches du « service tout compris », totalement démobilisatrices et annonciatrices de grandes désillusions. C'est le « laissez-nous faire, on va vous élaborer votre contrôle interne ». Les équipes locales s'éloignent, les nouveaux venus prennent l'affaire en main sans connaître l'entreprise et sa culture : l'échec est assuré et il faudra du temps pour que les discours sur le contrôle interne soient pris au sérieux.

Ces écueils évités, l'introduction de spécialistes dans l'équipe projet est souvent un plus appréciable : ce peut être des apporteurs d'idées avec une vision nouvelle et enrichissante à la condition expresse qu'ils ne soient pas perçus comme les acteurs essentiels du projet.

La finalité de tout cela est le progrès par une constante adaptation.

---

1. F. Cordel, « De l'influence des affaires et de la crise sur la mise en œuvre du contrôle interne », *Revue A.C.*, n° 203, fév. 2011.

5. LE PROGRÈS PAR L'ADAPTATION

Le célèbre économiste Eugen von Böhm-Bawerk mettait en évidence le « détour de production » procuré par tout investissement et qui économise in fine du travail et permet de mieux satisfaire les besoins. En ce sens, mettre en place un contrôle interne rationnel est un véritable investissement qui économise les efforts, limite les pertes et accidents, épargne des temps de discussions et d'ajustements, régule et minimise les conflits, favorise croissance et progrès.

Et tout cela à la condition expresse de pratiquer une permanente et vigilante adaptation. Celle-ci peut d'ailleurs conduire à des modifications de structure pour une meilleure efficacité Ainsi en est-il du rapprochement gestion de risque/audit interne/contrôle de gestion. Le rapport n'est pas ici de l'ordre hiérarchique : le *risk manager* est en amont du contrôle interne, l'audit interne est en aval et le contrôle de gestion peut apporter aux deux des informations susceptibles de les aider dans leur activité. Cette discipline qu'il convient de s'imposer, car le contrôle interne en est une, n'est pas une invention dans la gestion des entreprises et pas davantage une révolution.

C'est une simple innovation qui régule et met en ordre des pratiques anciennes et jusqu'alors intuitives.

S'appuyant sur les informations et exigences du management des risques, prenant en compte les contraintes opérationnelles, s'adaptant à la culture du milieu, aidant à la réalisation des objectifs, le contrôle interne est véritablement le lieu géométrique de l'activité de l'entreprise.

Bibliographie

AMF (2007), *Le dispositif de contrôle interne : cadre de référence*, IFACI.

Bernard F., Gayraud R., Rousseau L. (2006), *Le contrôle interne*, Maxima.

Bertin E. (2007), *L'audit interne à l'international*, Éditions d'Organisation.

Cohen A.-G. (2005), *Contrôle interne et audit public*, PIFC.

Collins L., Vallin G. (1992), *Audit et contrôle internes*, Dalloz, 4ᵉ édition.

Conti M. (2004), « L'auto-évaluation du contrôle interne », Mémoire IAE, Aix-en-Provence.

Delavallée E. (2002), *La culture d'entreprise pour manager autrement*, Éditions d'Organisation.

Ebel B. (2010), « L'urbanisation du contrôle interne », Mémoire IAE, Lille.

Epinette G. (2011), *Effectivité de l'usage dans le mode numérique*, CIGREF/ Nuvis.

Franceschini V. (2011), « Contrôle interne et management des risques », Thèse ESCP, Europe.

Henry A., Monkam-Daverat I. (2001), *Rédiger les procédures de l'entreprise*, Éditions d'Organisation.

IFACI/CIGREF (2009), *Le contrôle interne des SI des organisations*.

IFACI/CIGREF/AFAI (2011), *De la gouvernance du SI à la gouvernance de l'entreprise numérique*.

IFACI/PWC/Landwell (2005), *Le management des risques de l'entreprise*, Éditions d'Organisation.

IFACI/Coopers.Lybrand (1994), *La pratique du contrôle interne*, Éditions d'Organisation.

IFACI

(2005), « L'auto-évaluation du contrôle interne », *Cahiers de la recherche*.

(2010), « La création de valeur par le contrôle interne », *Cahiers de la recherche*.

(2008), « Des clés pour la mise en œuvre du contrôle interne », *Cahiers de la recherche*.

(2010), « Pour un urbanisme du contrôle interne », *Cahiers de la recherche*.

(2011), « Les variables culturelles du contrôle interne », *Cahiers de la recherche*.

IIA/IFACI (2011), *Manuel d'audit interne*, IIA Research Foundation.

KPMG International, *Clarity in the cloud*.

Lemant O., Schick P., *Guide du self audit*, IFACI.

Maders H.-P., Masselin J.-L. (2009), *Contrôle interne des risques*, Éditions d'Organisation.

Moreau F. (2002), *Comprendre et gérer les risques*, Éditions d'organisation.

Noirot P., Walter J.

(2008), *Le contrôle interne pour créer de la valeur*, AFNOR Éditions.

(2010), *Contrôle interne : des chiffres porteurs de sens*, AFNOR Éditions.

Pech Varguez J.-L. (2003), « Cohérence et cohésion de l'équipe de direction », Thèse HEC.

Pige B. (2007), *Audit et contrôle internes*, EMS Éditions.

Quélin B. (2002), *Les frontières de la firme*, Économica.

Renard J.

(2010), *Théorie et pratique de l'audit interne*, Éditions d'Organisation, 7e édition.

(2003), *Audit interne : ce qui fait débat*, Éditions Maxima.

Renard J., Nussbaumer S. (2011), *Audit interne et contrôle de gestion*, Éditions d'Organisation.

Schuster S. (2003), « L'article 404 de la loi Sarbanes-Oxley », Thèse ESC Toulouse.

Thevenet F. (2009), *Manager en temps de crise*, Eyrolles.

Yaich A. (2011), *Le nouveau contrôle interne*, Éd. Raouf Yaich.

Zalc Katia (2009), « Le contrôle interne », Mémoire DSCG.

Index

Table des matières

Partie 2
Référentiels et réglementations

Partie 3
Le cadre de maîtrise

Partie 4
Mise en œuvre et pilotage du contrôle interne

Chapitre 1
Les conditions de la mise en œuvre 169

Chapitre 2
La méthode de mise en œuvre 183

Chapitre 3
Le pilotage du contrôle interne 197

Annexe

TEST DE CONNAISSANCE

(Indiquez les points qui paraissent exacts : réponses à la fin)

1. Le contrôle interne c'est :
   a) L'ensemble des procédures ❏
   b) La supervision hiérarchique ❏
   c) La paie du personnel ❏
   d) La certification des comptes ❏
   e) Le processus de fabrication ❏
   f) L'attitude du personnel vis-à-vis de son travail ❏

2. Les déficiences du contrôle interne peuvent entraîner :
   a) Une mauvaise image de marque ❏
   b) Une mise en examen ❏
   c) Un incendie ❏
   d) Une augmentation de la production ❏
   e) Une rémunération trop élevée des dirigeants ❏
   f) Une perte de clientèle ❏

3. Peuvent être considérés comme des dispositifs de contrôle interne :
   a) Une procédure de détection d'erreurs ❏
   b) Une installation de *sprinklers* ❏

   c) Des achats de matières premières ❏

   d) Un code d'éthique ❏

   e) Un beau magasin de vente ❏

   f) Un centre informatique performant ❏

4. Parmi les points suivants, quels sont ceux
   qui nuisent au contrôle interne ?

   a) Faire confiance dans l'exécution du travail ❏

   b) Une démarche de certification ISO 9000 ❏

   c) La fraude fiscale ❏

   d) Un concours de « la meilleure idée » ❏

   e) Le déménagement du siège social ❏

   f) La multiplication des indicateurs ❏

5. Le champ d'application du contrôle interne concerne :

   a) La production ❏

   b) Le service médical ❏

   c) L'état-civil ❏

   d) La couleur des bâtiments ❏

   e) Les archives ❏

   f) L'ornithologie ❏

RÉPONSES

Question 1.

   a) et b) Oui mais ce n'est pas que cela.

   c) Non, le processus paie a son contrôle interne.

   d) Oui mais ce n'est pas que cela ; si les comptes sont certifiés,
      un certain nombre de risques ont été écartés.

   e) Non, le processus de fabrication a son contrôle interne.

   f) Oui, c'est une composante de l'environnement de contrôle.

Question 2.

   a) Oui, certains risques nuisent à la réputation.

   b) Oui, s'il y a eu délit suite à une défaillance dans le respect
      des règles.

c) Oui, si les dispositifs de protection ou de surveillance adéquats ne sont pas en place.

d) En principe non, sauf si l'augmentation de la production est un événement dommageable qu'il aurait fallu éviter.

e) Oui, l'absence de règles et d'encadrement est une déficience de contrôle interne.

f) Oui quand des erreurs de gestion traduisent une mauvaise maîtrise des activités.

Question 3.

a) Oui, une procédure est un dispositif de contrôle interne.

b) Oui, c'est un moyen pour faire échec au risque incendie.

c) Non, la fonction achat a son contrôle interne.

d) Oui, il contribue à la qualité de l'environnement de contrôle.

e) Non.

f) Non, sauf si la performance du centre permet d'éviter un risque identifié.

Question 4.

a) Faire confiance c'est ne pas se préoccuper des risques.

b) Une telle démarche ne peut qu'aider à la qualité du contrôle interne.

c) Elle traduit un mauvais environnement de contrôle.

d) Ne peut qu'être favorable.

e) Il crée des risques supplémentaires exigeant des mesures appropriées.

f) C'est l'excès de contrôle interne, toujours nuisible.

Question 5.

a) et b) L'un et l'autre ont leur contrôle interne.

c) Ce n'est pas une activité, c'est un statut, sauf s'il s'agit d'une mairie et de son service d'état-civil.

d) Ce n'est pas une activité, donc pas de contrôle interne.

e) Sont concernées par le contrôle interne.

f) C'est une science, ce n'est pas une activité, sauf s'il s'agit d'une entreprise spécialisée en ornithologie.

Jacques **Renard** et Sophie **Nussbaumer**

Préface de Daniel **Lebègue**, président de l'Institut français des administrateurs

Audit interne
et contrôle
de gestion

**Pour une
meilleure
collaboration**

EYROLLES

Éditions d'Organisation

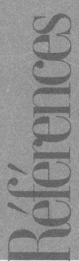

Jacques **Renard**

Préface de Louis **Gallois**

THÉORIE ET PRATIQUE DE
L'AUDIT
INTERNE

7e édition

EYROLLES

Éditions d'Organisation

Printed in the USA
CPSIA information can be obtained
at www.ICGtesting.com
LVHW051547011023
759827LV00051B/1382